A Practical Guide for

Navigating Conversation

SAKURACO'S

こなれ英語

LESSON

Pretty good!

So much better now that I'm with you!

How's it going?

How are things?

ベレ出版

This Book Belongs To:

_____

_____

空欄に名前を書き込んでみましょう。さあ、これであなただけの本に。

LET'S BEGIN!

はじめに

Thank you! Have a nice day! と、高揚した気分で1日の会話を終える。会話中に分泌されていたアドレナリンが落ち着いてきた頃に、ふと、「あの時ああ言えばよかった…」「空回って頭に浮かんだことをとりあえず言ってはみたけれど、今思えば支離滅裂だったかも…」と次々浮かんでくる反省点。

満足なコミュニケーションが取れないのは、語彙力が足りないからに違いない！と意気込み、SNSで見かけた人気のフレーズ本を買い込んで、隙間時間にやり込む。ヨシヨシ。これで私の会話はもっとキレッキレになるはず。

そうして満を持して迎える英語のミーティング。資料も使いたい英語フレーズもバッチリ用意！緊張しつつもよい感じに質疑応答も終了！

…したはずが、おかしいぞ？会議後に同僚たちが興じている雑談に参加できない…。

弾む会話を楽しむチームメンバーを尻目に赤べこのように首を振るしかできず（家に帰りたいなあ…今日の夕飯何にしよう？）と思考が浮遊しはじめたタイミングでいきなり「あなたはどう思う？」と話を振られ、時間稼ぎのコメントを繰り出しながら何て言おう？と考えているうち、話を振ってきたはずの同僚は、あなたを置いてさっさと次の話題に移っている。

…ああ無情。

これはもう場数を踏んで会話の練習をするしかない！と前向きなあなたは某オンライン英会話で英語の会話練習をすることに。一対一の心地よい会話。英語で話せることを楽しみつつも、そのうちに絶望的なことに気づくはずです。

英語の先生は文法の間違いは直してくれても、気の利いた返しやその場の雰囲気を明るくするような上手いコメント、ましてや文化的な「立ち回り方」は教えてくれない、ということに。

　停滞したままの英語コミュニケーションスキルを磨くには？と考えあぐねた結果、「会話センスを磨くためには素敵な表現を大量にインプットするしかないか…」と半ばヤケになりながら Netflix で海外ドラマを見漁るところに着地する、ここまでがセットなのではないでしょうか？

　手当たり次第に英語を勉強しているはずなのに、いざ本番で出てくる自分の英語の「コレジャナイ感」たるや…。本当はもっと「気の利いた返し」とか「それっぽい」上手いコメントをしたいのに。

　こんなもどかしい思いをしていた過去の私、そして同じような思いを抱いているあなたに向けてこの本を書きました。

　本書は文化に根ざした「こなれ英語」フレーズや表現のストックを増やすとともに、シミュレーション問題をこなしながら自力で良質なコミュニケーションが再現できるようになるコツを身につけていきます。

　各項に登場する練習コーナーは「理解度を測るためのテスト」ではありません。「参考書を買って、それでなんとなく満足してしまう」という"学習あるある"を防ぎ、学びを自分のモノにするためのツールとして、楽しみながら使っていけることを目指しましょう。

　それでは「こなれ英語」で、スパイスが効いた会話を楽しむ旅に出掛けましょう！

Enjoy your journey!

CHAPTER 00 そもそも「こなれ英語」って?

どんなコメントやコミュニケーションスタイルを「こなれてるな〜！」と思うかは人それぞれかもしれません。でもきっとこんな共通点があるのではないかと思います。

- 「頑張ってる感」がない
- 「無理やり感」がない
- 「慣れてる感」がある
- 「含み感」がある
- 「オシャレ感」がある

では、あなたはなぜ「こなれ英語」を使いこなせるようになりたいのでしょうか？

「自分の考えを無理なく表現したい」から？ だとしたら、必ずしも「こなれ英語」じゃなきゃいけないことはありません。

「相手が慣れ親しんでいる表現を使うことで『私はあなたの文化に理解があるよ、共通認識を持っているよ』という仲間意識を共有したい（してほしい）」から？
「気の利いたことが言えれば、会話のぎこちなさが少し緩和する」から？

きっと色々な理由があると思いますが、根底にあるのは「相手との距離を縮めたい、わかり合いたい」という思いではないでしょうか？ つまり私たちは良質なコミュニケーションを取るために「こなれ英語」を身につけたいのだと思うのです。

（「こなれ英語」を使ってドヤりたいだけ！という方も、ドヤりたい理由をよくよく突き詰めてみれば結局「周りにすごいと思われたい」とか、ネイティブに「こやつ…できる！」って思われたい、「認めてもらいたい、受け入れてほしい」という気持ちが根底にあるはずです。そしてそれはまったくもって不純な動機ではないと私は思いますから、安心してくださいね。）

良質なコミュニケーションを取るためのキー

　先述の通り「良質なコミュニケーション」とは、相手との距離が縮まる「心が通い合う会話」と定義してみます。あなたは「心が通い合う会話」をするには、どんなことが大切だと思いますか？

　色々な角度から考えていくことができると思いますが、キーとなるのは「観察力」と「言語化力」だと私は考えます。

観察力
　観察力とはつまり、注意深く見て、何かを発見するスキルのこと。
　自分が考えていること、周りで起きていること、相手の言っていることを客観的かつ多角的に把握し、自分や相手が何を言いたいのか、何を欲しているのか、など相手と心を通わすために必要なことを考える助けになります。

言語化力
　言語化力とはつまり、抽象的なこと（考えや物事など）をわかりやすい言葉にするスキルのこと。物事を頭の中で整理して理解する助けになるので、自分の考えを伝えるだけでなく、相手の話を理解する力、つまり共感力にも繋がっていきます。

英語のコミュニケーションで困った時、つい英語力や語彙力が足りないと思いがちです。でも実は「そもそも何を言いたいのかがわからない」ことが原因の場合も多いのではないでしょうか？　どこから話したらいいのか、どう切り取ればよいかわからず、とりあえず頭に浮かんだシンプルな文で対応していると、結果、一辺倒の返答ばかりになってしまう。例えば映画の感想を聞かれた時、色々なことが頭の中を駆け巡る、もしくは駆け巡りすぎて頭が真っ白になってしまって、結局 It was great!（すごくよかったよ！）というコメントに落ち着く…なんて経験ありませんか？

　これって「なぜ自分がその映画を Great と思ったのか」とか「どんなところが Great だったのか」などの自分の思考プロセスをきちんと把握できていないから、ペラッペラなコメントしか出てこないんですよね（はい、何を隠そう私もペラ子でした！）。だからといって、私たちの頭が空っぽなわけじゃない。ただ「自分はなんでそう思ったんだろう？」とか「どんなところを見てそう思ったんだろう？」って一瞬立ち止まって観察する習慣だったり、それを相手が「わー！　わかるー！」って思ってくれるような形で言葉にして伝える習慣がないだけなんだと思うんです。

　そこで「観察力」と「言語化力」を鍛えておけば、難しい単語を使わなくたって

The special effects were so realistic. I was totally immersed in the storyline!
（特殊効果がとにかくリアルで、ストーリーにどっぷり浸ったわ！）

　みたいに肩の力は抜けているけれど、いい感じに会話が盛り上がる「こなれ英語」が繰り出せるようになっていきます。

　または

I didn't get the job I really wanted.
（すごくやりたかった仕事の面接に落ちちゃったんだ…）

　と言われた時なんてどうでしょう？

こういう会話って「そもそもなんて言ったら（言葉をかけたら）いいか
わからない」パターンの典型だと思うんです。Oh I am so sorry.（わあ、
それは残念だったね…）とか You'll get it next time!（次は受かるよ！）
とか言ってはみるけれど、やっぱりなんか薄っぺらいなあ…と感じません
か？ そんな時「ああ、語彙力があれば…！」と英語力のせいにしがちですが、
ここでも「観察力」と「言語化力」を使ってみるともう少し気の利いたこ
とが言えるようになるはずです。

例えば

You must be feeling so disappointed. When you are turned
down, it feels like you are being told you are not good enough
even when it's not true, right?

（わあ、それは今落ち込んでるよね。仕事の面接に落ちた時って、本当は
そうじゃないってわかっていても自分に欠陥があるんじゃないかって思っ
ちゃったりしない？）

みたいに、共感しながら歩み寄ってみたり。

こんな「観察力」と「言語化力」のエッセンスがたっぷり詰まったのが「こ
なれ英語」なのです。

PART

会話の糸口を作る

1

01

挨拶上手になる

挨拶を制するものは会話を制す

挨拶は会話の最初に交わされるものですよね。そして「おはようございます！」と明るく挨拶された時と「…ぅーす」って挨拶された時とでは、その後の会話の雰囲気が変わってくると思いませんか？ つまり挨拶は会話の雰囲気を左右する鍵を握っているわけです。

　ということで、先手必勝！ 会話の雰囲気作りに役立つ「挨拶上手になるためのコツ」を押さえていきましょう！

コツ #1　定番挨拶フレーズを使いこなす

　How are you? はどんな相手やシチュエーションにも使える王道フレーズですが、それ以外の挨拶フレーズもネイティブのように余裕でくり出したいですよね。そんな王道挨拶フレーズのバリエーションをまずは確認してみましょう！

How are you? 以外の王道挨拶フレーズ

🔊 01

上司や先生に対しても使える万能挨拶フレーズ

How are you doing?
調子はいかがですか？

How have you been?
お元気でしたか？（久しぶりに会う相手に対して）

How's your day been? / How's your day?
今日はどんな調子ですか？

友達・知り合い・同僚に対して使える気さく挨拶フレーズ

How's it going? 調子どう？

How are things? 最近どう？

How's everything? 最近どうよ？

What's new with you? 最近何してるの？/ 何か変わったことはあった？

Anything new with you? 何かアップデートある？
   * 文法的には Is there anything new with you? が正しいですが、口語ではこのように冒頭を省略することがよくあります。

15

友達に対して使う親しみたっぷり挨拶フレーズ

What's up?　よっ！/ 元気？

How's life treating you?　最近の生活はどう？

How's life?　最近いろいろどう？

What's new?　何か変わったことあった？

 What's up? は会話の最初に「よっ！」と挨拶をするテンションで使いますが、挨拶が一通り済んで腰を落ち着けた頃に So, what's up? と改まった感じで言うと「それで、最近どうなのよ？」と相手の近況を聞き出したり、相手が話したいと言っていた話題にシフトするきっかけの質問として使えます。

微妙な距離感の人にも使えるナイスな挨拶

🔊 02

　久しぶりに会った人やレジのお兄さん、散歩中に会った見知らぬ人など…微妙な距離感の関係だからこそ、ナイスな挨拶で切り抜けたい！ そんな時に使えるフレーズも押さえておきましょう。

久しぶりに会った人に、サッと声掛けできる便利フレーズ

It's nice to see you! How's your family?
お久しぶり〜！ ご家族みんな元気？

How's work going?
仕事はどう？

How's it going at work / school?
仕事 / 学校の調子はどう？

Hi, fancy seeing you here — how are you?!
わ、こんなところで会うなんて奇遇ですなあ、お元気でしたか？

I haven't seen you in ages — how are things?
めっちゃ久しぶりじゃん。最近どうよ？

I haven't seen you since _____. How are you doing?
_____ ぶりじゃない？　元気？

The last time I saw you, you told me that _____. How'd that go?
前会った時、_____ だって言ってたよね？　あれどんな感じ〜？

I remember you were planning to _____. How'd it go?
そういえば _____ するって言ってたよね。どうだった？

Did you hear about _____?
_____ のこと聞いた？（最近のニュースやゴシップなどの話題）

散歩中やレジでも使える、世間話でサクッと挨拶フレーズ

Nice day to be outside, isn't it?
今日はお天気がよくて、お出掛け日和ですね！

Can you believe all of this rain we've been having?
雨止まないですね。いつまで降るんでしょうね？

It's a perfect day to _____, huh?
今日は _____ 日和ですね！

Aww, your baby is so adorable. How old is your baby?

わ〜、かわいい赤ちゃんですね。何歳ですか？

Your dog is so cute! What kind of breed is she / he?

かわいいワンちゃんですね！ 何犬なんですか？

I can't believe how busy / quiet it is here today, can you?

今日こんなに混んでる / 空いてるなんて、信じられなくないですか？（お店や公園などで）

LET'S PRACTICE!
練習してみよう！

❶ p.15 〜 18 の中から、あなたが使ってみたいフレーズを選んで書き出してみましょう！

1. _____
2. _____
3. _____

❷ 選んだフレーズは誰との会話で使えそうだと思いますか？ 思い浮かぶ人の名前や、会話のシチュエーションを書いてみましょう。（英語を話さない人を想定しても OK です！）

例：コンビニの店員さんとの挨拶で 1. が使えそう…など。

_____

_____

_____

　定番フレーズを押さえたところで、次はあなたの挨拶を「こなれ英語」にグレードアップするフレーズをご紹介していきます！

コツ #2　ポジティブな気持ちにさせる挨拶を使ってみる

　ここでの「ポジティブ」の定義は、嬉しい！ 楽しい！ ダイスキっ！ など、心が満たされたり感情が高ぶるようなこととしてみます。

ポジティブな挨拶の効用

　研究によると、人は質問された内容に当てはまることを記憶の中から掘り出す習性があるらしいです。例えば「最近忙しいの？」と聞かれれば「忙しかったエピソード」を、「最近楽しかったことは？」と聞かれれば「楽しかったエピソード」を絞り出そうとする…という具合です。ということは、質問次第で相手のポジティブムードを引き出すことができちゃうということです！ そして実は「ポジティブな気持ちにさせる挨拶」にはもう１つ大きなメリットがあります。

　なんと人間の脳みそは「よい気分」と「その気分のトリガー」を混同してしまうそうです。つまり「あなた（楽しい気分のトリガー）＝楽しい」と勘違いしてくれる。ということはポジティブ挨拶を繰り出していくだけで人気者になれちゃう（かもしれない）ということですよね！ 挨拶の仕方を変えるだけでこんな嬉しいオマケが付いてくるなんて、今日から試さない手はないですね。

　では実際にポジティブなことを連想させる挨拶がどのようなものなのか見てみましょう！

よくある挨拶	楽しいことを連想させる挨拶
What do you do for work? （お仕事は何をしているんですか？）	Have you been working on anything **exciting** lately? （最近何か楽しいことにハマってる？）
Where are you from? （どこ出身なの？）	When is your next **vacation** coming up? （次の長めのお休みはいつ頃？）
How are you? （元気？）	Has anything **good** happened today? （今日何かいいことあった？）
How's your day going? （今日1日どんな感じ？）	What are you **looking forward** to today? （今日一番楽しみにしていることは？）

　「楽しいことを連想させる挨拶」は、ただ単にポジティブな事柄を思い出させるというだけではなく、他にも共通点があります。上記のポジティブ挨拶フレーズを読み返しながら、どんな共通点がありそうか観察してみてください。

■考えられる共通点の例

　＊これらは「答え」ではなく、あくまでも例です。ご自分が思っていたのと違っても、ガッカリしなくて大丈夫です！

個人レベルの質問：肩書き（仕事）や属性（出身地）など相対的な情報ではなく、一個人の主観について尋ねている。

具体的：How's your day? などフワッとした質問の代わりに Has anything **good** happened today? や What made you **laugh**? のように、よかったこと、笑ったことなど具体的に何について聞いているのかが絞り込まれている。

オープンクエスチョン：答えが Yes / No、Good / Bad など、一言にならないような質問形式になっている。

英語圏では How are you? や How's it going? を Hello 代わりに使うことがたくさんあります。例えば道を歩いていてすれ違いざまに How's it going? と言ったり、エレベーターで乗り合わせた人に How are you? と言ったりするイメージです。

疑問文ではありますが、実際は「特に返答は求めていない挨拶」です。なので最初の挨拶として How are you? や How's it going? を使うのはとても自然です。逆に顔を見るなり開口一番 What are you looking forward to today? と言ったら、相手は少しビックリしてしまうかもしれません。笑

ですので、以下のような形で一旦挨拶を済ませてからポジティブ挨拶フレーズで仕切り直す…というイメージで使ってみてくださいね。

Hey, how's it going?
Good. You?
Good. What are you looking forward to today?

ポジティブなことを連想させる挨拶フレーズ

他にもポジティブ挨拶フレーズを見てみましょう。ポジティブ感を表すところに下線を引いてあります。注目しながら読んでみてください。

How are you? / How was your day? の代わりに使う

🔊 03

What was the best part of your day?
今日一番よかったことは？

What was the highlight of your day / week?
今日（今週）の一番よかったことは？

What made you laugh today?
今日何に一番ウケた？

Working on anything exciting lately?

最近何にハマってるの？

Did you receive any good news today?

今日何かよいニュース（報告）を聞いた？

What fun things are you going to do this weekend?

今週末、何か楽しいことをする予定なの？

What is one new thing you have tried this week?

今週何か新しくトライしたこととかある？

What are you most proud of today?

今日何を一番頑張ったと思う？

What three good things happened to you today?

今日起きたことの中でよかったことトップ3を選ぶとしたら何？

What's something you're grateful for having seen, heard, or been a part of today?

今日起きた出来事や見たこと、聞いたことの中で「恵まれてるなあ」「感謝しなきゃなあ」と思ったこと、何かあった？

Did you see anything beautiful where you didn't expect to?

意外な場所で出会った「キレイだな」と思ったもの / ことはあった？

What video / podcast / book did you enjoy today?

今日見た動画 / ポッドキャスト / 本で面白かったのは何？

What did you read or see that caught your attention today?

今日読んだものや見たもので気になったものはあった？

What's one new thing you learned today?

今日の気づきを一つ選ぶとしたら、どんなことだと思う？

What's the best conversation you had today?
今日のベスト会話はどんな内容だった？

Did you get the chance to help anyone today?
今日誰かのために何かしてあげるチャンスはあった？

Did anyone help you today?
今日誰かに助けられる場面はあった？

What compliments did you get today?
今日どんなほめ言葉をもらった？

Did you make any good connections with your coworkers / friends / clients / family members / boss today?
今日周りの人と絆が深まったな〜って思った瞬間はあった？

What did others do for you today?
今日他の人があなたのためにしてくれたことは何？

What did you do for others today?
今日あなたが他の人のためにしてあげたことは何？

初対面の人に使えるポジティブ挨拶フレーズ

◀)) 04

What's your story?
あなたの生い立ち / 今までのストーリーを聞かせてよ！

What do you think is unique about the place where you grew up?
あなたが育った場所のちょっとユニークなところってどんなところ？

What's your favorite thing about living in the neighborhood you live in now?

今住んでいるエリアのどんなところが一番好き？

What personal project are you working on right now?

今個人的にハマっていたり取り組んでいるもの、何かある？

Having fun? 楽しんでる？

　　＊飲み会などの集まりでも使えますし、どう考えても楽しくないタイミング、例えば会議
　　の前などにあえて皮肉を込めて使うのもアリです。

What are your favorite restaurants around here?

この辺で美味しいお店を教えて！

Keeping up with sports / TV shows / news recently?

最近スポーツ / テレビ番組 / ニュースって見てる？

Can you recommend any unique movies / TV shows?

ちょっと変わった映画 / テレビ番組で、オススメはある？

Did you see that viral _____ video?

最近めっちゃバズってた _____ の動画、見た？

会社で使えるポジティブ挨拶フレーズ

I'm a bit nervous about _____. Have you ever done it before?

_____ にちょっと緊張してるんだよね。あなたはやったことある？

What has been the best part about working here?

ここで働いていて一番いいなあと思うことは何？

Have you learned any insider tips about working here?

ここで働いていて内部事情 / 裏情報を手に入れたことある？

What do you think are the perks of working here?

ここで働いていて得られるメリット（やオマケ）って何だと思う？

Who's your favorite person to work with?

誰と一緒に仕事するのが一番好き？

LET'S PRACTICE!
練習してみよう！

❶ あなたが英語で会話しているところをイメージしてみてください。普段どんな挨拶フレーズを使っていますか？ 思ったものを書き出してみましょう。

_____

_____

_____

❷ あなたが使ってみたいポジティブ挨拶フレーズを選んでみてください。

1. _____

2. _____

3. _____

❸ 選んだフレーズを誰との会話で使ってみたいですか？ 思い浮かぶ人の
名前や、会話のシチュエーションを書いてみましょう。

例：Ｙさんと会社で会った時に 1. を使ってみたい…など。

_____

_____

_____

❹ あなたならどう答えてみたいですか？

_____

_____

_____

オマケ：便利な季節の挨拶

🔊05

　何も挨拶が思い浮かばないぞ！と困った時のために季節がらみの挨拶を
ストックしておくと頼りになるので、サラッとおさらいしておきましょう！
　もし他にも聞けそうなことを思いついたら、是非メモしてみてくださいね。

January

What's your New Year's resolution?

新年の抱負は？

February

Do you usually celebrate Valentine's Day?

ふだんバレンタインって何かしてる？

March

What are you most proud of this fiscal / business / school year?

今年度一番頑張ったことは何？

April

What are you most excited about this fiscal / business / school year?

新年度一番楽しみにしていることは何？

May

It's a great season to go out! Are there any outdoor activities that you are planning to do?

５月は行楽日和だよね！ 旅行とかアウトドアを計画してる？

June

What's your favorite rainy day activity?

雨の日はどうやって過ごすのが好き？

July

Any vacations coming up?

夏休みの予定はある？

August

What is your favorite thing about summer?

夏の好きなところって何？

September

It's "back to school" season. What would you study if you were going back to school?

９月って新学期って感じしない？ もし学校で何か勉強するとしたら、何の専攻にする？

October

Have you dressed up for Halloween? What would you dress up as if you had the chance?

ハロウィンの仮装をしたことある？ 機会があったら、どんな仮装をしてみたい？

November

Any book recommendations for the long autumn nights?

秋の夜長にピッタリのオススメ本ってある？

December

How does your family celebrate the holidays?

あなたの家族はクリスマスや年末年始をどんな風に過ごすの？

コツ#3　思いやり Check-in フレーズを備えておく

🔊 06

　楽しいことばかりじゃない毎日の中で、近しい友人やちょっと疲れ気味のあの人に「大丈夫？ 無理してない？」と聞きたい時もありますよね。そんな時は相手が今（最近）どう感じているのか、どんなムード（気分）で過ごしているのか、など「相手の状態」について質問をしながら、つながりを築くのも手です！

そっと寄りそう Check-in フレーズ

How are you really feeling today? Physically and mentally.
本当のところ、心身ともに調子はどう？

What's on your mind right now?　今何を考えていたの？

What's taking up most of your headspace recently?
最近どんなことが頭の中を占めてる？

Is there a frustrating moment or struggle that you'd like to get off your chest?
イライラしたり大変なことで、何か話したいことはある？

How have you been sleeping?　よく眠れてる？

What did you do today that made you feel good?
今日どんなことをしたら気分がよくなった？

You've seemed _____ lately. How is everything?
最近 _____ な感じだね。調子はどう？

What is your stress level like?　最近のストレスレベルはどのくらい？

What obstacle is standing in your way?　今何がハードルになってる？

What challenges are you facing right now?
今どんな問題やストレスを抱えてる？

What is your biggest concern right now?　今何が一番の心配事？

Offer Support：大変そうな人に手を差し伸べたい時

How can I support you?　どうやったらあなたをサポートできる？

What can I do to make you feel better?
あなたが少しでも気分がよくなるために、私は何ができるかな？

What do you need from me right now? 今私に何してほしい？

What's something I can do today that would be good for you?
今日私があなたのためにできることって何かな？

LET'S PRACTICE!
練習してみよう！

❶ 初めて見た表現やフレーズ、使ったことのないフレーズはありました
か？ あれば書き出してみてください。

_____

_____

_____

❷ その他に使ってみたいフレーズを書き出してみてください。

_____

_____

_____

コツ#4 気持ちに沿った 挨拶返しマイスターになる

◀))07

　How are you? と聞かれた時、ついつい I'm good. で済ませてしまいが
ちではないですか？ 社交辞令の How are you? をかわすには I'm good.
でも問題ないですが、自分の気持ちをリアルに表現したい時だってありま

すよね。そんな時に使える挨拶の返答フレーズを集めてみました！

元気な時の返答フレーズ

I'm pretty good!　元気だよ！

I'm great!　元気だよ！

I can't complain!　いい感じだよ！

I'm really good!　めちゃくちゃ元気だよ！

I'm really well!　元気元気！

I'm feeling really optimistic!　すごくポジティブな気分だよ！

I feel like a million bucks!　最高の気分だよ！

まあまあな時の返答フレーズ

Not too bad.　まあ悪くはないよ。

I'm alright.　まあまあだよ。

I'm okay.　まあまあかな。

I'm fine.　まあ、そこそこって感じかな。

I feel "Meh."　「はあ〜あ」って感じ。
　＊やる気が出ない時など。

31

ちょっと元気がない時の返答フレーズ

I'm hanging in there.　なんとか持ちこたえてるって感じかな。

I'm feeling a little down.　最近ちょっと元気なくて。

I feel a little drained.　心身ともに疲れ気味かな。

I feel a little burned out.　ちょっと燃え尽き気味かも。

I've felt better.　ベストではないかな。

Not so great.　あんまり元気ないかも。

落ち込んでいる時の返答フレーズ

I'm depressed.　気分がすごく落ち込んでるんだ。

I'm feeling blue.　憂うつな気分だよ。

I'm having a hard time getting out of bed.
ベッドから出るのも辛くてさ。

体調が悪い時の返答フレーズ

I'm not feeling well.
今、具合が悪いんだ。

I'm feeling under the weather. このところ体調を崩しててさ。

LET'S PRACTICE!
練習してみよう！

❶ How are you today? に対して、今の気分に合う挨拶返しフレーズは
何ですか？ 書き出してみてください。

_____

_____

_____

❷ 初めて見た表現やフレーズ、使ったことのないフレーズはありました
か？ あれば書き出してみてください。

_____

_____

_____

❸ その他に使ってみたいフレーズを書き出してみてください。

_____

_____

_____

33

コツ #5 返す時はユーモアをプラスしてみる

挨拶を返す時、さらに「こなれ感」を出すのにオススメなのが「ユーモアをプラスする」というワザです。

ユーモアの効能

人間は笑うとリラックス神経（副交感神経）が活発化され、幸せホルモンが分泌されるので、緊張が解けて心を開きやすくなる。つまりユーモアがあなたと相手の距離を縮める潤滑油になってくれるらしいです。

さらに人間の脳は感情が大きく動いたり気分が高揚した出来事を長期記憶として処理する習性があるそうです。ということは、笑いが取れれば相手に自分のことや話した内容を覚えておいてもらえる可能性が上がる！ということになります。恐るべしユーモアの効能！

また「ユーモアを加える」というのは、1つの出来事を額面通りに言葉にするだけでなく、面白おかしく「ひねり」をプラスするということなので、物事を違う角度から観察する練習にもなります。

4大ユーモアスタイル

もちろん、ユーモアといっても色々な種類がありますよね。例えば心理学の世界では、大きく分けるとユーモアには4つのスタイルがあると言われています。

親和的＝あるあるネタ、顔芸、ダジャレなど
自己高揚的＝自分を上げる、高飛車、自信満々系
他虐的＝他人をいじったり、からかう笑い
自虐的＝自虐、自分を下げるネタ

ユーモアのスタイルは、ご自身のキャラクターによっても変わると思います。どんなユーモアが自分の性格やキャラクターに合っていそうかイメージしながら、実際にフレーズを観察してみましょう。

How are you? に対して使える 陽気な返答フレーズ

難易度 ★

🔊 08

Great!（元気だよ！）の代わりに使えるフレーズ

I am ready to tackle the day!
今日は頑張っちゃうぞ〜って感じ！

Armed and ready!
バッチコイって感じ！

I am planning on taking over the world.
今日は世界征服しちゃえそうなくらいやる気に満ちあふれているよ。
　＊ (￣ー￣)←こんな感じのドヤ顔で言ってみましょう！

Living the dream!
もう最高だよ！
　＊本当はそうでもないけれど、皮肉を込めて言う人も多いです。声のトーンで調整しましょう！

Everything is great when you are around!
あなたがいると世の中がバラ色になるね！

So much better now that you are with me!
あなたのおかげで元気が出たよ！

Better now that I get to talk to you!

あなたと話せたから、さらに元気出た！

Better than I was a minute ago because you are here now.

あなたの顔を見られたおかげで、1分前よりだいぶ元気が出た！

Not as good as you.

元気だけど、あなたに比べたらまだまだって感じ！（＝とっても元気そうだね!）

Wondering how you are!

あなたが元気にしてるかな？って考えてたところ。

＊😌←こんな表情で茶目っ気たっぷりに言うと◎。

I'm okay.（まあまあかな）の代わりに使えるフレーズ

I'd say I'm a ___ out of 10.

10点中 ___ 点くらいかな〜。

The best I can be.

ぼちぼちかな。

Fair to partly cloudy.

晴れときどき曇りって感じかな。

I would say, cloudy with a chance of meatballs.

曇りときどきミートボールって感じ。

＊『曇りときどきミートボール』という絵本・アニメ映画のタイトルを元ネタにしています。How are you? の答えになっているようでなっていない、意味不明な感じが笑いを誘います。

Hmmm. Medium-well.

うーんと、まあまあかな。

　＊ステーキの焼き加減「ミディアムウェル」と掛けています。

Not bad. It could be better, though. It could be a payday.

まあまあかな。今日がお給料日だったらもっと元気出るんだけど。

I'm tired ...（疲れ気味で…）の代わりに使えるフレーズ

I could really go for a massage.

マッサージに行きたい（くらい、疲れ気味）かな。

I don't know. Is it Friday yet?

わかんない。とりあえず金曜が早く来てほしいことは確か。

Surviving, I guess.

なんとか生きながらえてるって感じかな。

Currently under renovation.

ただいま工事中ですって感じ。

Barely functioning ...

ギリギリ機能してるって感じ…。

Not so great.（あんまり元気ないんだよね）の代わりに使えるフレーズ

Oh, terrible, thank you so much!

超最悪よ！ 聞いてくれてありがとね！！

　＊ Great! と同じようなハイテンションで言うと笑いを誘えます。

Imagining my life on a fabulous beach somewhere ...
どこか南の島でバカンスしてる姿を妄想して（なんとかしのいで）るよ…。

＊遠い目をしながら妄想にふけっているように言ってみましょう。

How are you? に対して使える
遊び心たっぷりのフレーズ 難易度 ★★

◀)) 09

相手を困らせないように、このフレーズを使ったあとは Just kidding! I'm doing good!（なんてね！ 冗談冗談！ 元気だよ！）などとフォローしながら使ってみてください！

It's top secret.
それは極秘情報なんで（言えません）。

Next question, please.
はい、次の質問！

Good question.
いい質問だね。

＊初めて聞かれた！くらいの大袈裟なリアクションで言うと笑わせられる確率がグンとアップします。

I haven't had my morning coffee yet, but no one has gotten hurt, so I'd say I'm doing okay.
まだ朝のコーヒーを飲んでいない（からイライラしてるんだ）けど、誰もケガしていないところを見ると、まあまあって感じ。

Could be better ... Well, it could also be worse.
まあまあかな…もっとヤバい日もあるから、それに比べたらそんなに悪くないかも。

I am better on the inside than I look on the outside.
見た目はちょっとヤバいかもしれないけど、中身は元気だよ！

I'll let you know when I figure out the answer.
答えがわかったら教えるね。

They said you would ask me that.
それ聞いてくると思ってたんだよ。

The doctor said I would live.
お医者さんによると、一命は取り留めたみたいよ。

I will leave that up to your imagination.
ご想像にお任せします！

To answer that question, I need to take you back about 12 years.
Do you have a minute?
その質問に答えるには 12 年くらい遡らなきゃいけないんだけど、時間ある？

Do you want the short version or the detailed version?
簡潔なバージョンとめちゃくちゃ細かいバージョン、どっちの説明が聞きたい？

Physically? Mentally? Spiritually? Financially? Socioeconomically?
What do you want to know?
身体的に？ 精神的に？ スピリチュアル的に？ 金銭的に？ それとも社会的に？ 何が知りたいの？
　＊ちょっと畳み掛けながら詰め寄る感じで言うと面白いです。

Slowly but surely dying.
ゆっくりだけど、確実に死にゆく人生…って感じかな。

39

You go first. Then, we can compare.
あなたから先に答えてみて。それから答え合わせをしよう！

I think I am doing alright. How do you think I am doing?
元気だと思うよ。あなたから見て、私の調子ってどうだと思う？

I am feeling blessed! Hashtag "blessed."
いや〜人生って素晴らしいね！ #（ハッシュタグ）感謝〜って感じ。
　　＊ SNS カルチャーを揶揄しているジョーク。

Incredibly good looking.
今日も（自分は）超イケメン / 美女ですわ。

Dangerously close to being fabulous.
もう最高すぎて「俺に触るとケガするぜ！」って感じ。

Trust me; you do not want to know.
もう最悪すぎて、聞いても気分だだ下がりになると思う（から聞きたくないと思うよ）。

I am feeling so good that I have to sit on my hands to stop myself from clapping.
めちゃくちゃ幸せだから、手を勝手に叩かないように我慢してる。
　　＊『幸せなら手を叩こう』の歌詞 "If you're happy [...] clap your hands" をもじっています。

I would say I am a 9.99999 out of 10.
100 パーセント中 99.99999 パーセントくらいの元気度かな。

Do you want an honest response or the answer you expected?
すんごいガチの答えが聞きたい？ それとも平凡なのが聞きたい？

Just dancing along to the rhythm of life. It's too bad I'm tone-deaf.
人生のワルツに合わせて優雅に踊ってる感じかな。私、リズム音痴なんだけどね。

How much are you willing to pay me if I tell you?
それに答えたら、いくらくれる？

I am really just trying to avoid ambiguous questions at this moment.
今はそういう抽象的な問いはなるべく避けようとしているんだよね。（遠い目）

How are you? に対して使える
自虐・皮肉度高めのフレーズ　難易度 ★★★

🔊10

使う時は声色や表情、ジェスチャーなどで思いっきり演出しましょう！
難易度★★フレーズと同じように Just kidding! などのフォローフレーズとセットで使ってみてくださいね。

I was fine ― until you asked.
あなたに聞かれるまでは元気だったよ。

What's with all these questions? Are you a cop?
なんでこんなに質問攻めにするわけ？ あなた警官なの？！

Just navigating all the twists and turns of life. I hope you are taking the straight road.
曲がりくねった人生の道を必死で運転してる感じかな。あなたの道は直線なことを祈るよ。

Great, because my name wasn't in today's obituaries.
とりあえず私の死亡記事は出てないから、元気かな。

My psychiatrist says that I shouldn't discuss it with strangers.
知らない人とこういう話をするの、カウンセラーに止められているんだよね。

I still have a pulse, so I must be doing good.
まだ息はあるから、大丈夫だと思う。

I can't really complain, but I will still try.
文句なしだね。それでも愚痴はボロボロ出てくるけど。

Living the dream! But half the time, it is a nightmare.
超最高！ だけど、まあ50パーセントくらいの確率で最悪よね。

On a scale from one to punching something, I am at 7.5.
「何かをパンチしたいレベル」で言うと、今は7.5くらいかな〜。

Dying. Thanks.
死にゆく人生って感じですね〜。

Alright, so far, but there is plenty of time for things to get worse.
とりあえずは元気だけど、何があるかわからないよね。

Each day is better than the next.
明日より今日の方がマシだな。

Doing well unless you plan on shooting me.
元気だよ、あなたが私の殺人計画を立てていなければの話だけど。

Overworked and underpaid.
まさに社畜って感じ。

Don't ask — it's too early to tell.

それ聞かないで。まだ何があるかわからないから。

Great, but I should warn you that I am totally biased.

めちゃくちゃ元気だけど、バイアスかかってるからそれは覚えておいて。

I don't feel that great, but look! At least my hair looks amazing.

あんまり元気ないんだよね。けど見て！今日のヘアスタイル、超いい感じじゃない？

Getting better with every passing second.

毎秒毎秒どんどん元気になっていってますねー。（棒読み）

Stellar, great, fantastic — but dead inside.

もう超元気よ。スーパー元気。ハイパー元気。メンタルは死んでるけど。

Trying to just get on with life. How are you?

なんとか人生に乗り遅れないように必死よ。そっちはどう？

Somewhere between "meh" and just "blah."

「はあ〜」と「あーあ」の中間くらいかな。

Just give me a hug, and we'll leave it at that ...

とりあえずハグして。そしてそれからすべてを察して…。

Trying not to burst into tears, but at least I get an "A" for effort.

泣き出しそうなのをなんとか堰き止めてる。それだけで大勝利です。

It's taking a while, but slowly and surely dying.

ここまで来るのに時間はかかったけれど、寿命を全うする日に着実に近づいていってるよね。

My lawyer has stated that I don't have to answer that question.

その質問には答えなくていいって、弁護士に言われてるんで。

Could you please contact my agent about that question?

その質問については私の（芸能）事務所を通してもらってもいいですか？

I had promised myself I would murder the next person who asked me that question. What should I do ... I like you too much.

次にその質問をしてきた人を抹殺しようと決めてたんだよね。でもあなたのことは好きだから…どうしよう…？

Your attempt at social interaction to be polite is hereby acknowledged.

あなたの社交的かつ礼儀正しい様をここに賞します。

How was your weekend? に対して使える おもしろ返答フレーズ

🔊 11

It was great. Did you miss me?

いい週末だったよ。私に会いたかった？

It was good. I got some much-needed sleep, and I'm ready to tackle this week!

やっとゆっくり寝られたよ。おかげで今週もバッチコイって感じだわ。

I finally got myself some overdue beauty sleep and cheated on my diet! I deserved it.

やっと美容のために早寝できたよ。そして自分へのご褒美に、ダイエット中だけど美味しいものを食べたよ。

I successfully scrolled through all social media and some more.

とりあえずすべての SNS をチェックすることには成功して、さらにもう一周チェックしたよ。

Oh, I was busy binge-watching Netflix.

すごく忙しかったんだよ。なんせ Netflix を一気見してたからさ。

I basically stared at the wall for 48 hours.

48 時間ずっと壁を見つめてたわ。（＝ボーっとして過ごしたよ）

I bet it wasn't as interesting as yours! I caught up on my favorite series and did a bit of cleaning, so pretty uneventful.

多分あなたの充実した週末とは比べものにならないと思うよ。とりあえず録り溜めたドラマを見て、掃除して、特に目立ったことはしてないかな〜。

LET'S PRACTICE!

練習してみよう！

❶ あなたが使ってみたいフレーズを選んで書き出してみましょう。

_____

_____

_____

❷ 選んだフレーズを誰との会話で使ってみたいですか？ 思い浮かぶ人の名前や、会話のシチュエーションを書いてみましょう。

_____

_____

_____

02

GIVE SINCERE COMPLIMENTS
ほめ上手になる

　私がアメリカで約10年暮らす中で一番感じる日米の文化の違いは「アメリカ人はとにかくほめ上手」ということです。

　カフェに行けば「その服かわいいね！」とほめられ、道端ですれ違う人には「素敵なヘアスタイルだね！」とほめられ、家に帰ってくればパートナーが「今日も世界一かわいいね！」とほめてくれる。挨拶代わりにほめ言葉、枕詞もほめ言葉、敬具も年賀もほめ言葉、ヤマザキもびっくりのアメリカ、ほめの大祭り、状態です。

　そんなアメリカ文化の一部になっているほめ言葉ですが、送り手、受け取り手が温かい気持ちになること以外の効用もたくさんあるのです！

ほめ言葉はオリーブの枝

Extend an olive branch. という表現をご存じですか？ 直訳すると「オリーブの枝を差し出す」になりますが、実はこれ「友好的な歩み寄りの姿勢を見せる」という意味の慣用句なんです。（これは古代ギリシャでは平和の象徴とされているオリーブの枝を休戦のしるしに差し出した…という故事に由来しているようです）

　そしてほめ言葉は「あなたのことをちゃんと見ているよ」「受け入れているよ」と友好的な姿勢で歩み寄っていることを示す、いわばオリーブの枝なのです。

ほめることは観察力を高めてくれる

でも突然「道端に落ちている何の変哲もない石ころをほめてください」と言われたら、ちょっと困ってしまいますよね。これ、どうして難しいのだと思いますか?「そりゃあ、石ころなんて、ほめるところが無いからだよ!」と思われたんじゃないでしょうか。(石ころ愛好家の皆さん、ごめんなさい)

そう、ほめるためにはまず〈ほめポイント〉を見つける必要がありますよね。ということは〈ほめる練習〉は、物事や周りの人を見て、ほめポイントを見つける〈観察の練習〉でもあります。

ほめることは言語化スキルを高めてくれる

ただ、いくらほめポイントが見つかったとしても、それを言葉にできなかったら相手に伝わりません。すごく極端な話をすると、例えば相手の髪型がいいな、と思ったとしても「ああ————あああ——!」と奇声を発していたら相手に伝わらないどころか、相手は光の速さで逃げ去ってしまいますよね。

つまり〈ほめる〉は必ず〈言葉に出して伝える〉という行動とセットになっているので、自分の思ったことを相手に伝わりやすいように説明するというサイクルを繰り返すことになります。

さらにこの Chapter で紹介する、ワンランク上のほめ上手になるための〈具体的にほめる〉という箇所では、ただ単にほめるだけでなく、自分がなぜそれをよいと思ったのか、という理由を添える練習もしていきます。こうして原因と結果を整理して考える癖をつけると、自分の考えを適切な言葉に落とし込みやすくなり、結果的に言語化スキルの更なる向上にもつながっていきます。

しかしながら、謙遜文化の英才教育を受けてきた私たち日本人が、いきなりほめろ！と言われてもなかなかほめるポイントが思いつかず、しどろもどろになってしまいますよね。そこで、この Chapter ではアメリカ人も顔負け！の上手にほめるコツを学んでいきましょう。

コツ #1 　五感を使って　ほめチャンスを探す

目で拾える情報や耳で聞こえる情報に少し気をつけてみると、ほめるポイントが見つけやすいです。

＊ただし身体的特徴や自分では変えられないものについてのコメントはご法度なので気をつけましょう！

例えば、アメリカで生活しているととてもよく耳にするのが I love your hair!（髪型素敵だね！）や That shirt looks great on you!（そのシャツすごく似合ってる！）など、身につけている物に対して発せられるほめ言葉。こういったコメントは最初に目に入ってくる情報を元にくり出せるので、日常生活のどんなシーンでも簡単に取り入れられます。

また、口角が上がっているな、とか、足取りが軽そうだな、ということも、ほんの数秒の間に気づけるはずです。そこに気がつけば You seem to be in a great mood today!（今日はとってもゴキゲンだね！）というほめ言葉をかけられますし、さらに What's up? What's put you in such a good mood?（何かいいことあったの？）や Tell me your secret on how to stay so positive!（私にも元気の秘訣を教えて！）など、会話を広げていくこともできますよね。まずは相手の様子を観察しながら、ほめポイントを探してみましょう。

私の場合、会話を始めるタイミングでほめ言葉を投げかけたい時は

① **外的なサイン**：服装 / 髪型など
② **顔に表れる非言語のサイン**：顔色 / 表情 / 目の動きなど
③ **言語のサイン**：声色 / 言葉遣いなど
④ **体に表れるサイン**：足取り / ジェスチャー / 姿勢など

…の順番で観察して、その中で一番目立っているものをほめポイントとして使うことが多いです。

シンプルで簡単なほめフレーズ

レベル ★

五感でキャッチしたほめチャンスをサラッと伝えるための基本フレーズを、まずは押さえていきましょう。

I love / like your 〜

🔊 12

I love your top!　そのトップスいいね！

I really like your jacket!　その上着めちゃいいね！

I like your scarf!　そのスカーフ / マフラーいいね！

I like your bag!　そのカバンいいね！

I love your coffee mug!　そのマグいいね！

I like your pen!　そのペンいいね！

I like your bookshelf!　その本棚いいね！

Nice / Cool / Cute 〜

Nice hat!　いい帽子だね！

Cool backpack!　そのリュックいいね！

Cute glasses!　そのメガネかわいい！

Nice car!　かっこいい車だね！

Cool watch!　その時計いいね！

Cute purse!　そのカバンかわいい！

Nice phone case!　そのスマホケースいいね！

Cool water bottle!　その水筒いいね！

Cute earrings!　そのイヤリング / ピアスかわいい！

〜 look nice / good / great / amazing / stunning

🔊 13

That hairstyle looks really nice on you!
そのヘアスタイル、超似合ってる！

Those pants look great on you!
そのズボンすごく似合ってるね！

Your hair color is amazing!
ヘアカラーが素敵すぎる！

That dress looks stunning on you!
そのドレス、めちゃくちゃ素敵！

Your room / desk looks great!
部屋 / デスクがすごくおしゃれ / キレイだね！

Your room looks so organized!
部屋がめちゃくちゃキレイに整理されているね！

You have ～

You have the prettiest eyes!
目がキレイすぎる！

You have the nicest posture!
本当に姿勢がいいよね！

You have a really soothing voice!
すごくいい声をしてるよね！

You have a really cool style!
本当におしゃれだね！

You have really good taste in clothes.
本当に洋服のセンスがいいよね。

You have really good taste in home decor.
インテリアのセンスがすごくいいね。

You look / sound ～

🔊 14

You look well-rested today!
ちゃんと休めたみたいだね！（元気 / 健康そう）

You look / sound really energetic today!
今日はすごく元気モリモリだね！

You look / sound really optimistic today!
今日はポジティブな感じがあふれているね！

You look / sound really happy today!
今日はすごくゴキゲンそうだね！

You sound / look excited today!
今日はすごく楽しそうだね！

You sound / look relaxed today.
今日はリラックスしてる感じだね。

You look amazing, as always.
いつも通り（服装や健康状態などすべて含めて）今日もすごく素敵だね。

You sound really motivated today!　今日は本当にやる気満々だな！

You sound confident today!　今日は自信満々だね！

You look radiant today.　今日はなんだかキラキラしてるね。

Seems like ～

Seems like you are ready to tackle the day!
（やる気や元気があり）準備万端！って感じだね！

Seems like you are ready to take on the world!
（やる気や元気があり）何でもバッチコイ！って感じだね！
　　＊ take on the world ＝「（世界など）大舞台に挑む」という意味。

Seems like traveling agrees with you!
旅行しても全然疲れが見えないね！

Seems like you are having a great day!
気分よさそう！

Seems like you are ready to soak up what life has to offer.
人生を楽しんでる感じだね！

応用版：ちょっと強調したほめフレーズ

I absolutely love your outfit!　そのコーデ、めちゃくちゃいい！

I am in love with your hair!　あなたの髪型が好きすぎる！

What a gorgeous ring!　すごくキレイな指輪！

What a pretty necklace!　すごくかわいいネックレス！

I wish I had hair like yours.　私もあなたみたいな髪だったらいいのに。

🔊 15

Has anyone ever told you that you have outstanding posture?

姿勢がめちゃくちゃいいって言われたことない？

I love your top, where'd you get that?

そのトップス、超かわいいね。どこで買ったの？

Nice jacket! What brand is that?

その上着、めちゃいいね！ どこのブランド？

I like your scarf! Where is it from?

そのスカーフ / マフラーいいね！ どこの？

Cool bag! It looks like you can put a lot of stuff in it.

そのカバンいいね！ 物がたくさん入りそう。

Love your shoes! They look really comfortable!

靴、かわいいね！ すごく履き心地がよさそう！

Those glasses look amazing on you. Did you have them made?

そのメガネ、めちゃくちゃ似合ってる！ オーダーメイド？

You have the prettiest skin. What's your secret?

お肌がめちゃツヤツヤ！ スキンケアの秘訣を教えて。

Cool band tee! I'm a huge fan, too!

かっこいいバンドT（シャツ）だね。私もファンだよ！

Your room / desk looks great! It looks straight out of an IKEA catalog!

部屋 / 机周りがすごくオシャレ！ IKEA のカタログみたい！

That chair looks so comfy. I really need to upgrade mine.

その椅子、すごく座り心地よさそう。私も椅子を買い替えたいんだよね〜。

Your room is so organized! KonMari will be proud.

部屋がめちゃくちゃキレイに整理されてるね！ こんまり（近藤麻理恵）さんに認められると思うよ。

You look really well-rested. Did you just get back from your vacation?

いきいきしてるね。休暇から戻ったばっかり？

LET'S PRACTICE!
練習してみよう！

　次の写真を見て、どんなところをほめられそうかメモしてみましょう。目につくもの（服装など）の他にも、写真のシチュエーションをイメージしながら、ほめフレーズをそれぞれ３つ考えてみてください。

1)

ほめポイントメモ：

_____

_____

_____

_____

ほめフレーズ：

1. _____

2. _____

3. _____

2)

ほめポイントメモ：

_____

_____

_____

_____

ほめフレーズ：

1. _____

2. _____

3. _____

3)

ほめポイントメモ：

_____

_____

_____

_____

ほめフレーズ：

1. _____

2. _____

3. _____

EXAMPLE ANSWER → p.287

コツ #2　相手の言動や内面をほめる

パッと目につくことだけではなく、もう一歩踏み込んだほめ言葉を贈りたい時もありますよね。そんな時も少し観察してみるだけで、ほめポイントはたくさん見つかります。

何に注目するのかというと自分の気持ちの動きです。どういうこと？と思われたかもしれませんが、自分の気持ちは周囲の出来事や言動をキッカケにして動きますよね。自分の気持ちの動きから逆算していって、相手のどんな言動がそう思わせたのかを考えるとほめポイントを見つけるヒントになります。例えば自分が「楽しいな！」と思った時は相手が面白い発言をしたはずですし、自分が「すごっ！」と思った時、相手は何か新鮮なことや勇敢なことをしたり言ったはずです。

ということで、ここでは自分の気持ちを起点にしたほめフレーズをチェックしてみましょう！

自分の気持ちベースで選べるほめフレーズ

楽しいな、愉快だなと思った時

🔊 16

You light up the room!
あなたがいると部屋がパッと明るくなるね！

I bet you sweat glitter!
汗の代わりにグリッターが出てるんじゃない？というくらい、底抜けに明るいよね！

Colors seem brighter when you're around!
あなたがいると世界が鮮やかになる気がするよ！

Jokes are funnier when you tell them!
あなたがジョークを言うと、一層面白く聞こえる！

Being around you is like a happy little vacation!
あなたと一緒にいると、ちょっとした楽しい旅行をしているみたいな気分になる！

You're more fun than bubble wrap!
あなたと一緒にいるのは梱包材のプチプチをつぶすより楽しいよ！

How do you always make everyone laugh?
どうやったらそんな風にいつも人を笑わせられるの？

Hanging out with you is always fun.
あなたと会うのはいつも本当に楽しいよ。

ほっとした時

You're like a breath of fresh air!
あなたって新鮮な空気みたいだよね！

You're someone's reason to smile!
あなたのおかげでみんな笑顔になれるよ！

Your kindness is a balm to all who encounter it!
あなたの優しさって心に塗るお薬みたい！

You're a great listener!
本当に聞き上手だよね！

You are my therapist!
あなたは私のカウンセラーだよ！

You always know how to find the silver lining!
いつも物事のポジティブな面を探すのが本当にうまいよね！

Thank you for taking such great care of me!
いつも色々と気にかけてくれて、本当にありがとね！

You're the best friend anyone could ever ask for!
あなたは誰もが欲する理想の友達だと思う！

I'm lucky to have you as my friend!
あなたと友達になれて本当によかった！

You bring out the best in other people!
周りの人のよいところを引き出す天才だよね！

Thank you for being there for me!
いつも話を聞いてくれてありがとう！

Thanks for always having my back!
いつもサポートしてくれてありがとね！

You are such a patient person!
あなたは本当に気長で辛抱強いよね！

優しいな、嬉しいなと思った時

◀)) 17

You're so thoughtful.
あなたは本当に心遣いが上手だね。

You're an awesome friend.

あなたは本当によい友達だと思う。

You're more helpful than you realize.

あなたは自分が思っているよりも、もっとずっと私の支えになっているよ。

The way you always know when someone needs something is amazing.

誰が何を欲しているのか、いつも察することができて本当にすごいと思う。

Being around you makes everything better.

一緒にいるだけで、いろんなことがポジティブに思えてくるよ。

You should be thanked more often. Thank you.

あなたはもっと感謝されるべきだと思う。本当にありがとう。

Someone is getting through something hard right now because you've got their back.

あなたのおかげで誰かが辛い思いを乗り越えられていると思う。

You always know just what to say.

いつも本当に欲しい言葉を投げかけてくれるよね。

The people you love are lucky to have you in their lives.

あなたが大切に思っている人たちは、あなたが人生の一部でいてくれて本当に恵まれていると思う。

The way you treasure your loved ones is incredible.

あなたは大切に思う人たちの扱い方が本当に素晴らしいよね。

You're a gift to those around you.

あなたは周りの人にとって最高のプレゼントだと思う。

頭いいな〜！と思った時

You are a smart cookie!
すごい！ デキる子！

You are so resourceful!
あなたって本当に機転が利くよね！

I wish I could figure things out as quickly as you do!
私もあなたみたいに頭の回転が速かったらいいのになあ！

You have a lot of knowledge to offer other people!
あなたって本当に物知りだよね！

Your perspective is so refreshing!
あなたの物の見方って本当に得るものが多いよ！

Your ability to recall random facts at just the right time is impressive!
ランダムな知識をササっと思い出せるの、本当にすごいよね！

You have the best ideas!
いつも発想が最高だよね！

You're always learning new things and trying to better yourself. That's awesome!
いつも何かを学んで自分を高めようとする姿勢って本当にすごいと思う！

You could survive a zombie apocalypse!
あなたならゾンビが徘徊するこの世の終わりが来ても、絶対生き残れると思う！

When you make a mistake, you fix it. I really admire that!
間違えてしまった時、ちゃんと認めて直せるところ、すごく尊敬するよ！

61

You're great at figuring stuff out!
問題を解決するのが本当にうまいよね！

Your creative potential seems limitless!
あなたのクリエイティブな才能って、突き抜けてるよね！

I bet you do crossword puzzles in ink!
羽ペンでクロスワードやってそう！（知的なイメージ）

すごいな〜、かっこいいな〜！と思った時

🔊18

You seem to really know who you are.
あなたって自分のことをちゃんとわかっているよね。

I am amazed at how well you balance work and home life.
ワークライフバランスをうまく取っていてすごい。

You're a great example to others.
あなたは周りの人にとって本当によいお手本だと思う。

When you make up your mind, nothing stands in your way.
自分でこう！と決めたら絶対に曲げないでかっこいい。

You're one of a kind.
あなたみたいな人は他のどこにもいないと思う。

You're really something special.
あなたって個性的で自分を持っていて、本当に素敵だよね。

I bet you were voted "most likely to continue being awesome" in the yearbook.
卒アルで「一番かっこいい人生を切り開いてそうな人」1位だったんじゃない？

I bet your picture is next to "charming" in the dictionary.

辞書で「チャーミング」って引いたら、あなたの顔写真が説明欄に載っていそう。

Actions speak louder than words, and yours tell an incredible story.

言葉よりも行動が物語るって言うけれど、あなたの行動は本当に素敵な物語を紡いでいると思う。

Somehow you make time stop and fly all at the same time.

あなたといると楽しくて時間がすぎるのが早いけれど、その中でハッとさせられて時が止まる瞬間があるのがすごい。

You inspire me so much!

あなたのことを見ていると頑張ろうって気になる！

You are so thorough with your work.

本当に仕事が丁寧だよね。

I really admire your work ethic.

あなたの仕事に対する姿勢をすごく尊敬しているんだよね。

You were born a natural.

本当に才能があるね。

You bring out the best in other people.

周りの人のよいところを引き出す天才だよね。

I love your enthusiasm!

やる気があって最高やな！

I admire your patience and ability to remain calm during times of stress.

あなたの忍耐力や、苦しい時でも冷静でいられるところ、すごいと思う。

LET'S PRACTICE!

練習してみよう！

❶ p.57 ～ 63 の「相手の言動や内面をほめる」フレーズから、使ってみ
たいものを３つ書き出してみてください。

　　　　1. _____

　　　　2. _____

　　　　3. _____

❷ 選んだほめフレーズを誰に贈ってあげたいか、それぞれ選んでみましょ
う。

　　　　1. _____

　　　　2. _____

　　　　3. _____

コツ#3　具体的にほめる

・・・・・・・・・・・・・・・・・・・・・・・・・・・・・・・・・・・・・・・

　さらにワンランク上のほめ上手を目指したいのであれば、具体的にほめ
る練習をするのがオススメです。この時、意識してみてほしいのが、1. 理
由や感想をセットで伝える 2. 相手の行動を細かく描写するの２つのステッ
プです。

STEP 1：理由や感想をセットで伝える

ここにほめ言葉のペアが3パターンあります。あなただったら、A と B どちらのほめ言葉を言われて嬉しいですか？

A. I love your hairstyle!

その髪型、かわいいね！

B. I love your hairstyle! It really suits you!

その髪型、かわいいね！ すごく似合ってる！

A. You always have a smile on your face!

いつもニコニコしているよね！

B. You always have a smile on your face! It lifts me up every time I see you!

いつもニコニコしているから、あなたに会うたびに疲れが吹っ飛ぶよ！

A. This is delicious! You are such a great cook!

このご飯美味しい！ 料理上手だね！

B. This is delicious! The veggies are cooked to perfection. I could literally eat this forever!

このご飯美味しい！ 野菜もシャキシャキで味付けが丁度いいから、ご飯がススム〜！！

どうでしょうか？ 大体の方はほめられた実感が湧く B の方が嬉しく感じると思うのです。

B の方はなぜそう思ったかという理由や、相手の行動によって自分がどう感じたのかという感想が表現されています。こういう具体的なコメント

を付けることで、胡散臭いお世辞に聞こえる心配もありませんし、何より相手に「自分はあなたのことをちゃんと見ているよ」というサインを送ることができます。

さらにこれは、単に目に入ったことなどの表面的な情報だけでなく、なぜそう思ったのか、どう感じたのかという潜在的な情報にフォーカスしていくので、心の目を使って観察する練習にもなります。

理由や感想がパッと思いつかない場合のヒント

そのシャツかわいいね〜！などの簡単なほめ言葉だったらまだしも、理由や感想を加えてしっかりほめてあげたい時、何と言えばよいか瞬時に思いつかないことがあるかもしれません。

そんな時は「相手の行動によって自分や周りがどう変わったかな？」と考えてみてください。その際、次の3つをヒントにしてみましょう。

1. **気持ち**：相手のしたことによって、自分や周囲の気持ちがどうよくなったか。

2. **知　識**：相手のしたことによって、自分や周囲がどんなことに気づいたり、学びを得たか。

3. **状　況**：相手のしたことによって、自分や周囲の状況や状態（雰囲気など）がどう好転したり、助けられたか。

例えばこんな感じです。

1. 気持ちの変化

You are such a hard worker! Watching you work really **makes me feel motivated.**

あなたはすごく働き者だよね！ あなたを見ているとすごくモチベーションが上がるよ。

2. 知識の変化

Your cooking is so good. Thanks to you, **I realized that patience is the key to becoming a good cook.**

本当に料理上手だね。 あなたのおかげで料理に焦りは禁物だということがわかったよ。

3. 状況の変化

You always bring out the best in people. **It makes the work environment more collaborative.**

人のよいところを見つけるのが本当に得意だよね。 おかげで職場の雰囲気がより協力的になっていると思う。

理由や気持ちを添えたほめフレーズ

🔊 19

次の例文は**1. 気持ちの変化　2. 知識の変化　3. 状況の変化**のうち、どの理由づけがされているか、下線部に特に着目しながら観察してみてください。

Your laugh is infectious. **It made me instantly smile.**
あなたの笑顔は伝染するのよ。 一瞬で私も笑顔になったわ。

Your patience is really admirable. **I feel heard and seen** when we have difficult conversations.
あなたの忍耐力には本当に感服ですよ。 ちょっと話しにくいことを話す時も、ちゃんと聞いてくれているなあっていう気持ちになるもん。

You are such a great listener. I feel safe being vulnerable with you.

本当に聞き上手だよね。あなたと話していると心理的安心感が半端ないから自分のことをさらけだせるよ。

You are so kind. I learned how to be a good person by watching how you treat others.

本当に優しいよね。あなたの他人への接し方を見ていると、どうしたら優しい人でいられるかが学べるよ。

Your smile is priceless! Your warm energy brings this group together.

本当にいい顔で笑うよね。あなたの温かい雰囲気がこのグループを一つにまとめているんだと思う。

I hadn't thought of it that way. You've given me something new to think about today.

そんなふうに考えたことなかった！ 今日じっくり考えるトピックができたよ。

I love how you practice self-care. You're inspiring me to take better care of myself too.

あなたのセルフケアの仕方、すごくいいよね。私ももう少し自分のことをケアしようって思ったよ！

I love your reassurance when things don't go as planned. It helps me feel less stressed and confident that we can figure it out together.

物事が上手くいかなかった時にドンと構えている姿勢、本当にすごいよね。おかげで私も落ち着いていられるし、何とかなるっていう自信を持てるよ。

I admire your determination when you strongly believe in something. It is really inspiring to me.

自分の信じていることに対して断固譲らないあなたの姿勢、すごくカッコいいと思う。いつも刺激をもらっているよ。

You are such a deep thinker. Your perspective on life makes me want to live more thoughtfully.

本当に物事を深く考えているよね。あなたの視点に触れると、自分ももっと色々考えて過ごしたいなって思うよ。

It is always refreshing to be around you because of your authenticity and dedication to your values.

あなたって自分の価値観を大切にして、ちゃんとその通りに生きているから、一緒にいてすごく新鮮な気分になるよ。

You always make my day better with your positive attitude when I am feeling down.

あなたのポジティブな姿勢のおかげで、ちょっと落ちてる時も元気が出るよ。

You make everyone feel so welcome; I don't think you have ever met a stranger.

あなたは本当にフレンドリーだよね。会う人みんな「気持ちよく受け入れてもらえて嬉しい！」って気分にさせるよ。

You are so easy to be around. It makes me feel safe, and I want to open up to you!

あなたといると本当に落ち着くわ〜。おかげで自分のことを包み隠さずオープンでいられるよ！

You are such a joy to be around because you always make me laugh and look at things from a different perspective.

あなたと一緒にいるの、本当に楽しい。いつも笑わせてくれるし、何より自分とは違うものの見方を学べるんだもん。

Your attention to detail makes our whole team's job easier!

細かいところにまできちんと気を配ってくれるから、チームの仕事がすごくやりやすくなるよ！

Your positive outlook helps me keep going, even when it's hard.
あなたのプラス思考のおかげで、辛い時も頑張ろうって思えるよ。

Your hug today encouraged me when I was at a low point.
今日あなたがハグしてくれたおかげで、ちょっと落ち込んでた時にやる気をもらえたよ！

LET'S PRACTICE!
練習してみよう！

❶ 次のほめフレーズに理由（1. 気持ちの変化　2. 知識の変化　3. 状況の変化）のいずれかを付け加えてみてください！

＊正解はありません。自分の経験を元にしたり、実際に起こりうるシチュエーションなどを想像して自由に書き込んでみましょう。

1）You are so thoughtful.（本当に気配り上手だね）
理由：

_____

_____

2）You are such a great friend!（本当によい友達だよね！）
理由：

_____

_____

3）You are so great to work with!
（あなたと一緒に働けるの、本当に最高だよ！）
理由：

_____

_____

EXAMPLE ANSWER → p.287

❷ p.67 〜 70 の「理由を添えてほめる」フレーズから、使ってみたいフレーズを書き出してみてください。

_____

_____

_____

❸ 選んだほめ言葉をかけてあげたい人を、それぞれ選んでみましょう。

_____

_____

_____

STEP 2：相手の行動を細かく描写する

次のほめ言葉のペアを見比べてみてください。

A. You always work really hard! It definitely helps our team!

いつも仕事頑張っているね！ おかげでチームが助かってるよ！

B. You are always so thorough with each task. It definitely improves the quality of our work, and we are so grateful for your effort.

いつも一つ一つの仕事を丁寧にこなすよね。 おかげで全体の仕事の完成度が高いから、本当に安心して任せられるよ。

どうでしょうか？ Aのようにただ単に「頑張っているね」と言われるよりも、Bのように「一つ一つの仕事を丁寧にやっているね」とか「不慣れ

なこともひるまずに挑戦してすごい！」とか「毎日コツコツと着実に積み重ねているよね」と言われた方が「自分のことをちゃんと見てくれてる！」って気持ちになりませんか？

　つまり、ほめ言葉の内容が相手の行動を細かく描写した内容であればあるほど、信頼や安心といった深いつながりが築きやすくなるということですよね。

　ここで、p.64 で紹介した STEP 1：理由や感想をセットで伝える、と STEP 2：相手の行動を細かく描写するを合体させてテンプレートにしてみると、こんな感じになります。

> ***You did X, I felt Y, and it had an impact Z.***
> あなたが X をやってくれて、Y と感じたよ。おかげで Z という影響や変化があったよ。

　では実際にこのテンプレートを使ったほめ例文をチェックしてみましょう！　＊行動の描写部分には下線を引いてあります。

よくあるほめ言葉　　　　　　　　　　　🔊20

You are really nice.　本当に優しいね。

具体的なほめ言葉

You're so thoughtful for always sharing your insights and knowledge with others. I really admire your generosity, and it makes me want to do the same.

知識とか意見を惜しまずにいつも他の人とシェアできるのってすごく思慮深いと思うよ。そういう器の大きさ、素晴らしいと思うし、私もそうなろうと思えるよ。

72

よくあるほめ言葉

This was a really great party!　この集まり、すごく楽しかったよ！

具体的なほめ言葉

I love how you welcomed everyone to your house, introduced people with common interests, and made everyone feel like it was their home.

趣味が合いそうな人同士を家に招いてつなげてあげたのって、本当に素敵だよね。みんなすごくリラックスして、楽しんでいたと思うよ。

よくあるほめ言葉

You have such great taste in restaurants.
ホント、いつもいいお店を選ぶよね。

具体的なほめ言葉

You always do a lot of research when picking out the place for us to eat. I think it shows how much you care about others (and food)!

ご飯を食べに行く時、いつもちゃんと事前リサーチしてくれているよね。周りへの気配り（と食べ物への愛情）が深いな～って思うよ。

よくあるほめ言葉

You are a wonderful leader!　あなたはすごくよいリーダーだよ！

具体的なほめ言葉

You always respect the opinions of each member of the group, but you can also make tough decisions when needed. It makes you a great leader, and we are really lucky to have you.

あなたはいつも周りの意見を尊重しながらも、ここぞという時はビシッと意思決定できて本当に素晴らしいリーダーだと思う。私たちはあなたと一緒に働けて（活動できて）本当にラッキーだと思うよ。

You are so brave!　あなたは勇気があるよね！

具体的なほめ言葉

When you decided to take that risky career path, I felt so inspired. In fact, that made me think about my dreams!

あなたが仕事選びですごい冒険をしたのを見て、めちゃくちゃ刺激をもらったんだよね。それで実は私も将来の夢についてちょっと考えてみたよ！

よくあるほめ言葉

You are so kind.　本当に優しいね。

具体的なほめ言葉

I appreciate you taking the time to check up on me. It really makes me feel cared for.

わざわざ時間を取って私の様子をチェックしてくれてありがとう。おかげで気にかけてもらっているなっていう気持ちになるよ。

よくあるほめ言葉

You're a really nice person.　本当にいい人だよね。

具体的なほめ言葉

The way you listen to people intently without interrupting them or correcting them shows how much you care about others.

人の話を聞く時に絶対遮ったり訂正したりせず、しっかり聞いてくれるよね。人のことをすごく気遣ってるっていうのが伝わってくるよ。

よくあるほめ言葉

You are such a good friend. あなたは本当によい友達だよね。

具体的なほめ言葉

You are such a good friend. I appreciate that you're tactful when I need to hear hard truths.

あなたは本当によい友達だよね。言いづらいことを言う時に、私のことをちゃんと考えて伝えてくれて本当にありがたいよ。

よくあるほめ言葉

You are really smart! 本当に頭がいいね！

具体的なほめ言葉

I saw the way you carefully examined the pros and cons of that difficult situation. I think that took a lot of critical thinking on your part. I don't think I could have done the same.

あの難しいシチュエーションの中でも、じっくりと良い点と悪い点を計算していたよね。それってめちゃくちゃ論理的に考えないとできないし、私だったら絶対できなかったと思う。

よくあるほめ言葉

I love talking to you. あなたと話すの、本当に楽しい。

具体的なほめ言葉

You always bring a topic that I would never think of to the table. It's really refreshing to me to discuss new things with you.

いつも私が考えたこともないようなトピックを会話に上げてくれるよね。あなたとこうやって新しいことを話すのってすごく新鮮だよ。

75

You are so strong!　あなたって本当にメンタルが強いよね！

具体的なほめ言葉

You always lift my mood with your positive energy and willingness to look for the silver lining in situations that are less than ideal.

あなたって大変な状況でも絶対何かプラスなことを見つけだそうとするよね。そういう前向きな姿勢のおかげで、私も元気になるよ。

よくあるほめ言葉

You are so funny!　あなたって本当にオモロいわー！

具体的なほめ言葉

I love your sense of humor! It's never too cynical, and it makes me feel light.

あなたのユーモアのセンス、ホント最高！ 辛辣すぎないから、カラッとしてすごくいい気分になれるよ。

Work Related Examples：職場で使えそうな例

よくあるほめ言葉

I really admire your work ethic.　あなたの仕事に対する姿勢、尊敬するよ。

具体的なほめ言葉

I appreciate the way you give specific feedback to everyone on our team. It's really encouraging.

あなたがチームのメンバー1人1人に細かいフィードバックをくれるの、すごくありがたいよ。 おかげでみんなもっと頑張ろうって気持ちになる。

よくあるほめ言葉

You are doing a great job! いい仕事してるね〜！

具体的なほめ言葉

You have a creative eye and in-depth knowledge of our target audience. I'm glad you are leading the design of our new marketing plan.

あなたってターゲット層についてすごく斬新な視点と深い知識を持っているよね。あなたがこの新マーケティング計画を先導してくれてよかったよ。

よくあるほめ言葉

Your presentation was great! あのプレゼン、よかったよ！

具体的なほめ言葉

I'm grateful for your presentation today. **The part when you talked about X** was particularly insightful and challenged me to make specific changes that will help me get better results.

今日のあのプレゼン、すごく役に立ったよ。特にXについて話してくれたおかげで、よい結果を出すには今後どんな調整を加えればいいか明確になった！

よくあるほめ言葉

You did a really good job with the material.
この資料、すごくよくできているね！

具体的なほめ言葉

I like **the way you designed the material. It's eye-catching and sends a powerful message**.

この資料のデザイン、すごく目を引くし、伝えたいことがしっかり伝わってきて、すごくいいね！

77

LET'S PRACTICE!

練習してみよう！

❶ 次のほめ言葉の中で、相手の行動を細かく表している部分に下線を引いてみましょう！

1）Your patience is really admirable. You always listen to others until the end without interjecting.
（あなたの忍耐力には本当に感服ですよ。人の話は必ず最後まで遮らずに聞いてるよね）

2）You are such a great listener. You paraphrase what I say in your own words, so it makes me feel really heard.
（本当に聞き上手だよね。こっちが話したことをあなたが自分の言葉で言い換えてくれるから、すごく理解してもらえた！って気持ちになるよ）

3）You are really polite. You open doors for others, and you always say "please" and "thank you," even to children.
（本当に礼儀正しいよね。他の人のためにドアを押さえておいてあげるし、子どもにも please と thank you って言うのを欠かさないじゃん）

4）I love how you practice self-care. You pay attention to how you are feeling mentally and physically on a daily basis, and you make sure that you act accordingly.
（あなたのセルフケアの仕方、すごくいいよね。ちゃんと毎日自分の心身の様子を観察しながら、その都度自分に何が必要か考えて行動できているもんね）

5）I admire your determination when you strongly believe in something. Like that time your boss wanted you to do X, but you took your time to explain why it was against your belief, and you eventually convinced her not to do it.
（自分の信じていることに対して断固譲らないあなたの姿勢、すごくカッコいいと思う。例えば上司に X をやれって言われたけど、自分の信条に反するからって上司を説得して結果的にそれをやらなくてよくなった時とかさ）

❷ ほめたい人の行動を具体的に描写してみましょう。

ここ最近のことを思い出しながら、書いてみてください。

＊正解はありません。自分の経験を元に自由に書き込んでみてくださいね。

1）最近誰かに対して「優しいなあ」と思った時のこと

あなたがそう感じたその人の行動はどんなものでしたか？

Who: _____

What did she / he / they do?

_____

_____

2）最近誰かに対して「頭いいなあ！」と思った時のこと

Who: _____

What did she / he / they do?

_____

_____

3）最近誰かに対して「頑張ってるな〜！」と思った時のこと

Who: _____

What did she / he / they do?

_____

_____

4）最近誰かに対して「尊敬する、凄いなあ」と思った時のこと

Who: _____

What did she / he / they do?

_____

_____

5）最近誰かに対して「励まされたなあ！」と思った時のこと

Who: _____

What did she / he / they do?

_____

_____

EXAMPLE ANSWER → p.287

コツ#4　結果だけでなく過程もほめる

　アメリカ人は徹底的にほめ上手なのですが、さすがに10年もアメリカに住んでいると、そのほめ上手具合にも少し慣れてきます。そんな私でも、思わず「やられた…！　お見事！」と思わずにはいられない出来事がありました。

　ある日、ファストフード店に行った時のこと。いつもの調子で店員さんが「あなたの髪の毛かわいいね！」とほめてくれました。私は「ありがとう〜！　セルフでブリーチしたから、何度もやり直さなきゃいけなくて大変だったんだよ〜!!」と返しました。きっと「自分でやったんだ！？」とか「どうやってやるの？」と聞かれると思っていたのですが、なんと店員さんは You learned well! と満面の笑顔で言ってくれたのです。

　You learned well! — つまり「しっかり学んだんだね！」というコメント。こんなアングルからのほめ言葉がサッと言えるなんて、アメリカはほめ言葉の英才教育が行き届いている…！と感服しきりだったと同時に、なんだか私の努力がしっかりと認められた気がしてすごく嬉しかったんです。キレイに染められた髪の毛という「結果」ではなく、何度も試行錯誤して染め直した「過程」をほめてくれたからこそ、このコメントが私の心に残ったのではないかと思います。

　自分の頑張りを認められるって、とても嬉しいですよね。特に人間は「周りに認められたい」という欲求が強い生き物だから、ことさら言葉でそれを確認できると安心するじゃないですか。そしてほめ言葉は、それを伝える最適な入れ物になってくれるのですよね。では実際に過程にフォーカスしたほめ言葉がどんなものか見てみましょう。

過程にフォーカスしたほめフレーズ

🔊 21

Great job!　すごいね！

Great job! You must have put so much effort into this!
すごいね！ めちゃくちゃ頑張ったんじゃない？

You scored really well on the TOEIC test!
TOEIC の点数がすごくよかったんだね！

You must have studied really hard for that TOEIC test! Your improvement shows!
TOEIC のためにすごく勉強したでしょ？ 英語の上達具合からもすごくよく伝わってくるよ！

You got it! You are so smart!　すごいじゃん！ さすが頭いいね！

I like the way you tried all kinds of strategies on that problem until you finally figured it out.
試行錯誤しながら最後まであの問題を解決するのを諦めなかったの、素晴らしいと思うよ。

You are such a great musician!
本当に才能あるミュージシャンだよね！

I can definitely tell how hard you worked at practicing this song. It's amazing how much self-discipline you have.
この歌の練習をものすごく重ねたんだろうなっていうのがうかがえるよ。自己管理の鬼って感じで、本当にカッコいいね。

You are such a diligent worker.　本当に働き者だよね。

I really admire the way you stick with your task. You keep your concentration, and you keep on going.
集中力を切らさずに絶対タスクを投げ出さないところ、本当に尊敬するよ。

Nicely done!　よくできました！

I know that took a lot of time and work, but you stuck to it and got it done. Your devotion is just incredible.
すごく時間と労力が必要だったと思うけれど、諦めずに完成させるあなたのやる気が本当に素晴らしい！！

You are so good at solving problems!　本当に問題解決が得意だよね！

That was a good place to look for ideas about how to solve the problem!
あのやり方で問題を解決する発想は無かったわ。着眼点が最高だね！

You are so resourceful!　本当に臨機応変に考えられるよね！

You thought of a new strategy when the old one didn't work. That shows how resourceful you are!

最初の戦略が失敗した時、すぐに新しいアプローチを考えたよね。それってあなたの臨機応変なところをすごく表していると思う！

Thank you for helping me with the chores.
雑用を手伝ってくれてありがとう。

The way you put stuff away is so neat! Thank you! You did such a wonderful job of organizing the shelf!

物の片づけ方が超キレイ！　ありがとう！　棚の整理の仕方が素晴らしすぎる！

Thank you for your hard work.　頑張ってくれてありがとう。

I'm quite impressed with the time and effort you put into this project. I can't imagine the late nights and weekends that went into making this happen. Thank you for all your work!

このプロジェクトにものすごい時間と労力を費やしたんだろうなって思うよ。夜遅くまで、時には週末まで費やして頑張ってくれたんだと思う。本当にありがとう！

You are really calm.　本当に冷静だよね。

I really admired how you handled that difficult situation. You were so poised and level-headed.

あの難しいシチュエーションの対処の仕方、本当にすごいなって思った。めちゃくちゃ冷静で落ち着いていたよね。

You are a great team player!　すごいチームプレーヤーだよね！

I appreciate that you stepped up for the team without being asked.

頼まれなくても自分から周りのために動いてくれたところ、本当に素敵だなと思うよ。

You did a good job at the meeting!
ミーティングお疲れさま！　よかったよ！

I enjoyed hearing your comments and questions at the meeting. It really pushed us to think deeper about the project.

ミーティングであなたの意見や質問が聞けて、すごくよかったよ。おかげで議題について深く考えることができたと思う！

LET'S PRACTICE!
練習してみよう！

❶ p.81 ～ 84 の「過程をほめる」フレーズで使ってみたいものをピックアップしてみてください。

_____

_____

_____

_____

_____

❷ 選んだフレーズを誰に贈りたいですか？ 思い浮かぶ人を書き出してみましょう。

_____

_____

_____

❸ 次のほめ言葉を「過程をほめるフレーズ」に変えてみましょう。

1）Jessica lost 5kg.　ジェシカは5キロ痩せた。

⇒ _____

_____

2）Akemi passed her Eiken exam.　アケミは英検に受かった。

⇒ _____

_____

3）Kotaro got a role in a movie.　コウタロウは映画に出演が決まった。

⇒ _____

_____

4）Kensaku is always helping people.
ケンサクはいつも人のために色々やってあげている。

⇒ _____

_____

5）Yukari is a great listener.　ユカリはとっても聞き上手だ。

⇒ _____

_____

EXAMPLE ANSWER → p.288

PART

会話を弾ませる

2

LISTEN INTENTLY
聞き上手になる

会話上手は聞き上手

コミュニケーションが上手くいかなかった時、話が思うように盛り上がらなかった時、「あーあ、もっと話し上手だったらなあ〜。人気のYouTuber みたいにテンポよく面白い話を繰り出せれば、TED Talks のプレゼンターみたいに理路整然と話せれば、もっと満足にコミュニケーションが取れるのに…」と思ったこと、ありますよね。

でも実はこれって「会話のキャッチボールが上手くいかなかったな。豪速球でピッチングできるようになりたいなあ」って思っているみたいなものなんです。

もちろん華麗なピッチングがプラスになることもたくさんあります。でも、そもそも会話の相手が投げてくれたボールを取りこぼしてしまっていたら、そりゃ投げ返せないですよね。そこでまずは相手の投げた球を「よく見て、しっかりキャッチする」、つまり「相手の言っていることをよく聞いて観察する」という練習をしていきましょう。

聞き上手さんの特徴は？

まず、あなたの周りの聞き上手さんを思い浮かべてみてください。その人のどんなところが「聞き上手だなあ」と思いますか？ 是非思い浮かんだ特徴をイメージしながら読み進めてくださいね。

コツ #7　相づちはサイレントに、リアクションは話の終わりに

聞き上手と聞くと「うんうん。それでそれで？」と熱心に話を聞いてくれる人を思い浮かべませんか？ 特に日本語の会話では「あなたの話を聞いていますよ」というサインとして「うんうん / へえ / そう / え〜 / ああ〜」などの相づちを打つことが多いですよね。でも、日本語の会話のテンションのまま英語で同じように相づちを打っていると、相手に「うるさいな」と感じさせてしまう可能性があります。

それもそのはず、研究によると、日本人は英語話者に比べて 3 倍も多く相づちを打つらしいのです。試しに普段あなたが友達や家族と会話しているところを想像してみてください。想像できましたか？ では次にそのやりとりの中で、話し相手がいつもの 3 倍相づちを打っている状況を想像してみましょう。

…うるさい。確実にうるさいんです。日本語と同じノリで英語で相づちを打ってしまうと、このうるささを体現してしまうことになります。では、どうやって話を聞いている姿勢を見せるのか…というと、必殺！ボディランゲージです（ボディランゲージは実はコミュニケーションの 8 割を担っているといわれています！）。

ボディランゲージといっても、ディズニー映画の主人公よろしく身振り手振りを大袈裟にして目をしばたたかせる…という意味ではなく、主に以下のものを相づちの代わりに使ってみてほしいのです。

アイコンタクト：相手の目をしっかり見る
眉の動き：話の内容に合わせて、驚き・喜びなどは眉を上げ、悲しい・共感などは眉を少し寄せる
うなずき：声は出さずに、首をゆっくり振る

とはいえ、もちろん英語でも興味を示すリアクション表現はたくさんあります！しかし一番の違いは、日本語の相づちは話の途中で挟み込むのに対し、英語のリアクションは話の終わりに入れるというところです。つまり英語の会話でリアクションをするのは、相手の話が終わってから。それまでは黙って相手の話を聞くのです！！（どうしても相づちを打ちたくなっちゃう人は、自分が高倉健さんになったつもりで寡黙感を演出してみてください）

相手の話が一段落したら、次のようなリアクションフレーズが使えます！

一息で言えるリアクション表現

🔊 22

Right. うんうん。/ だよね。

Hmm. そっか。/ そうなんだ。/ なるほど。

Of course. もちろん。/ だよね。

Totally. うんうん。（その通りだよね）

Definitely. うんうん。（その通りだよね）

Absolutely. うんうん。（その通りだよね）

Huh. ほぉ。/ そうなの？

Aww.　ええ〜！（素敵〜、かわいい〜）

Ahh.　なるほど〜。／ 納得。

Aha.　ああっ！／ わかった！（謎が解けた！ 閃いた！）

Gotcha.　なるほどね〜。／ 理解した。

Gee.　えー！（マジで？ などの驚き）

Oh.　えっ。（そうなんだ！ と驚きながら納得）

Oh ...　ああ…。（残念…、なんとまあ）

Ooh.　へえ〜！（いいな〜、すごい！ などの感嘆）

Sheesh.　うわ〜！（気まずさなどを感じた時）

Uh-oh.　えっ、やばいじゃん。（これはマズイぞ!? という時）

Whoa.　えっ、まじで。（予想外のことに対する驚き）

Yay.　やった！

Yikes.　うわっ。（気まずさを感じた時）

Awesome!　最高やん！

Ouch.　わっ、それはイタイ。（身体的な痛みだけでなく、恥ずかしい場面や気まずい場面などに）

I see.　そっか〜。（理解を示す）

Dang. / Darn.　わ〜。（それは残念…）

Eww.　うわっ。/ キモっ！

Wow!　ええ！/ そうなんだ！（驚き）

Oh man.　ええ〜。/ へえ！（驚き。man を強く言うと「ええ！ 残念すぎる！」というニュアンスに）

What the heck!?　はあ!?（憤りを含む驚き）

Oof.　うわっ。（それは残念…、イタイ…など）

Ugh.　げー。（嫌悪感を表す）

シチュエーション別リアクションフレーズ

ポジティブな内容に反応したい時

◀)) 23

That sounds nice!　それ、いいね！

I'm glad to hear that.　そう言ってもらえて嬉しいよ。

How wonderful / fantastic!　わあ、よかったね！

That's great news!　それはいい知らせだわ！

Really? That's amazing!　えー!? すごいね！

92

Lucky you!　いいなあ！

Well, congratulations!　わー、おめでとう！

That must be great!　それはさぞや嬉しいんじゃない？

I'm really happy for you!　私まで嬉しいよ！

I'm happy to hear that!　それを聞けてよかった！

That's great!　よかったじゃん！

That's awesome!　最高やん！（インフォーマル）

You deserve it!
よかったね！/ あなたにそんないいことがあるのは当然だよ！

You must be over the moon!　めっちゃ嬉しいんじゃない！

You must be on cloud nine!　感激で超嬉しいよね！

That must make you a happy camper!
それはめちゃゴキゲンになるやつだよね！

ネガティブな内容に反応したい時

I'm sorry to hear that.　それはそれは…。/ さぞ大変だろうね。

How awful / terrible.　それは辛いね。

That must be awful.　さぞや辛いでしょう。

I do sympathize with you.　お気持ち、お察しするよ…。

That's so sad!　えー、それは悲しいね…。

That sounds bad.　それはさぞ最悪だったでしょう。

That sounds like a nightmare.　そんな、悪夢すぎる…。

Bummer.　残念。（カジュアルな表現）

I can't believe that.　信じられない。／あり得ない。

That's messed up.　えー、あり得ない。／最悪だね。

That must have annoyed you.　それはイラッと来たんじゃない？

That is very scary.　それはすごく怖かったね。

It hurts me to hear that.　それは聞いているこっちも傷つくわ。

I support your position here.　私はあなたが正しいと思うよ。

I wish I could have been with you at that moment.
その時あなたのそばにいてあげられたらよかったのに。

I would have trouble coping with that.
私だったらなかなか立ち直れないと思う。

共感を表したい時

I know! / I know, right!?　わかる！ / そうだよね！

That's so true!　本当にその通り！ / わかるわ！

You said it!　その通りだわ！

I was just going to say that!　それ、今言おうと思ってた！

I am so familiar with that.　それ、あるあるだよね。

I can relate to that.　わかる！

I can relate to that on so many levels.　すごく共感するよ。

I understand how you feel.　あなたの気持ち、すごくわかるよ。

I'd feel the same way as you do in your situation.
私があなたの立場だったら同じように感じていたと思う。

That would make me ＿＿＿＿＿＿ too.
私も ＿＿＿＿＿＿ と感じると思う。

Agreed!　わかる！

Absolutely!　本当にその通り！

That is logical.　それは確かに理にかなっているね。

That's an understatement.　控えめに言ってもそうだね。 / 当たり前。

懐疑的な気持ちを表したい時

That makes no sense to me.　マジで意味不明なんだけど。

That makes zero sense.　なにそれ、マジで意味がわかんないね！

I'll need to look that up.　ちょっとググってみるわ。

No way!　あり得ないでしょ！

I don't know if I believe you.　それはちょっと信じられないなあ。

That's highly unlikely!　いやそれはないでしょ、可能性的に。

驚きを表したい時

Seriously? / Are you serious?　マジ？

No way!　あり得ない！／うそでしょ！

Are you kidding me?　それ冗談？

That's crazy!　ヤバいね！

That's insane!　ヤバい！／あり得ない！

For real?　マジ？　（スラング・若者言葉）

No kidding.　マジか。

　＊発音は日本語で「マジか」と言う時のように、語尾は上げずに断定的に言います。

That's unbelievable!　信じられない！

That's bizarre!　あり得ない！

How!?　どうやって!?
　＊どうやったらそんなことが起きるの？信じられない！というニュアンス。

You are kidding, right?　それって冗談でしょ？

I'm speechless.　言葉すら浮かばないわ。

That was unexpected.　思っていたのと違ったわ。

I did not see that coming.　想像をはるかに超えてきたわ。

興味を示したい時

🔊 25

That's interesting.　へえ、面白いね。/ 興味深いね。

That's so fascinating!　わあ、すごく興味深いね！

Wow, that's really cool.　わあ、それってすごくクールだね。

感嘆を表したい時

That's awesome!　超いいね！

That's impressive.　すごいね！/ 関心した！

That's incredible.　それはすごいね。（興味深い、奥が深い）

Good for you!　すごいね！/ よかったね！

驚きや食いつき感を表したい時

A. **She won the lottery!**　彼女、宝くじが当たったんだって！

B. **She did!?**　そうなの!?

A. **I have met Michael Jackson.**
　　マイケル・ジャクソンに会ったことがあるんだ。

B. **You have!?**　マジ!?

ウケる！相手が面白いことを言った時

That's so funny!　面白い！/ ウケる！

That's hilarious!　なにそれ、めちゃくちゃウケる！

You crack me up!　あなた、面白すぎなんですけど！

Oh, stop it!!　もうやめて!!
　＊ジョークなどが面白すぎて、笑いすぎて苦しい！って感じ。

落ち込んでいる相手に言葉をかけたい時

🔊 26

I can see how you would feel that way.　そう感じるのも無理ないよ。

That must be really hard.　それは相当辛いよね。

I feel the same way.　私も同じ。

How frustrating! わー、それはかなりフラストレーションが溜まるね。

I bet you're frustrated. それはかなりモヤモヤするんじゃない？

I'm here for you. 私でよければいつでも話を聞くからね。

相手に寄り添いたい時

You're making total sense. うんうん、言ってる意味わかるよ。

I'm on your side. 私はいつもあなたの味方だからね。

No wonder you're upset.
それは悲しくなったり、怒ったりするのも当然だよね。

Thank you for trusting me with this. It means a lot to me.
私のことを信用して話してくれてありがとう。本当に嬉しいよ。

相手の言ったことを優しく受けとめたい時に使える
That sounds 〜 シリーズ

Oh, wow, that sounds terrible. えー、最悪だね。

Wow, that sound's super cool! わあ、それ超いいね！

相手の気持ちに理解を示したい時に使える
That must have 〜 / You must feel 〜シリーズ

🔊 27

Wow, that must have hurt.
うわっ、それ傷ついたんじゃない？

Wow, that must have been so exciting!
へえ！ それは相当楽しかったんじゃない？

You must feel so trapped!
わあ、それは八方塞がりって感じだね。

You must feel really upset right now.
それは今、相当心がザワついているんじゃない？

Oh, you must be over the moon.
わあ、今めちゃくちゃ嬉しいんじゃない？

相手が感情をあらわにしている時に共感を示す
I can see 〜シリーズ

I can see how this event made you angry.
どのくらい怒っているのかが伝わってくるよ。

I can see how happy you are right now!
今どのくらい幸せか伝わってくるよ！

相手の気持ちを擁護してあげたい時に使える
I can understand 〜シリーズ

I can understand how that would be frustrating.
そりゃあフラストレーションが溜まるのも無理ないよ。

I can understand how that would be disappointing.
そりゃあ残念に感じるのも当たり前だよね。

相手の言ったことを確認したい時

I just want to make sure I understood correctly. So you mean ＿＿?

ちゃんと理解したか確認したいんだけど、それって＿＿ってこと？

Could you elaborate?

もう少し詳しく話してくれる？

Let's pause to make sure we're on the same page.

お互いの認識が合っているか、ちょっと確認させて。

LET'S PRACTICE!
練習してみよう！

　次のように言われたら、どんなリアクションフレーズを使ってみたいですか？

1）I lost my wallet on the train last week, but someone turned it in at the lost and found!
（先週電車でお財布をなくしちゃったんだけど、誰かが届けてくれたみたい！）

リアクション：＿＿＿＿＿＿＿＿＿＿＿＿＿＿＿＿＿＿＿＿

2）Someone vandalized our storage space and stole our bikes.
（誰かがうちの物置に入って、自転車を盗んでいったんだよね）

リアクション：＿＿＿＿＿＿＿＿＿＿＿＿＿＿＿＿＿＿＿＿

3）My boss told me that I was gonna get a raise, but I didn't.

（上司が昇給してくれるって言ったのに、しなかったんだよね）

リアクション：_____

4）My boyfriend tried to get me a ticket to the BTS concert, but it was all sold out.

（私の彼が BTS のコンサートのチケットを取ってくれようとしたんだけど、全部売り切れだったみたい）

リアクション：_____

5）When I use my phone, I open my social media app with a muscle reflex and forget what I actually picked my phone up for.

（何かしようとスマホを開けると、反射的に SNS のアプリを開いちゃって、何をしようとしていたか忘れちゃうんだよね）

リアクション：_____

コツ #2　相手が言ったことをパラフレーズする

聞き上手さんって「そうそう！ それが言いたかったんだよ！」というところをわかってくれて、こちらの言いたいことをすくい上げるのがとても上手ですよね。実はこれ、「パラフレーズ」を使ってあげると誰でも再現しやすくなるんです！

パラフレーズとは

パラフレーズとは相手の話を自分の言葉で言い換えてあげること。パラフレーズをすることで、相手の言いたいことをちゃんと汲み取ったサインになるので相手を安心させられますし、自分も情報の整理をしながら理解を深められるので、一石二鳥です！

パラフレーズの偉大な効果

私はこれまでの英語学習の中で、初級レベルの時、中級から上級レベルに上がる時、そして英語を教えるようになった別々のフェーズで、それぞれパラフレーズスキルに助けられてきました。

> ■ 初級でお世話になったパラフレーズ：
> **相手の考えを、相手の言葉で言い換えてもらう**
>
> ひよっこ英語使い時代によく遭遇した「相手の言っている英語の意味がわからない…！」という気まずいシチュエーションは、魔法のフレーズ「Can you paraphrase what you said?」（それ、他の言葉でパラフレーズしてくれない？）を使うことで切り抜けられました。

自分の考えを、自分で言い換える

　次のフェーズでは中級英語使いから上級英語の達人になるため〔自分のスピーキングの様子を録音→気に入らないところを違う単語や表現を使ってパラフレーズする〕という練習を開始。これが効果てきめんで、どんな練習よりも語彙や表現力のブレイクスルーを実感しました。

■ 英語を教えるようになってお世話になったパラフレーズ：

相手の考えを、自分の言葉で言い換える

　さらに次のフェーズで英会話コーチとして働くようになった私は、商売道具である「会話」に磨きをかけるため、コミュニケーションや心理学について情報収集をするように。そんな中出会った『Nonviolent Communication』という本で傾聴スキルの１つとして紹介されていたのが「相手の考えを、自分の言葉で言い換える」タイプのパラフレーズでした。

　それまで私は英語で会話する時（英語に限らずかもしれません）、ひたすら相手が言ったことに対して「何かよい答えをしなきゃ！ はやく！」という反射神経で会話をしていました。つまり「私が何を言うか」ということばかりを気にしていたのです。誰かが話している時、本当にフォーカスすべきなのは「相手が何を言っているのか（言いたいのか）」なのに。

　「パラフレーズ」は、そんな半パニック状態を一旦スローダウンさせて、フォーカスを自分から相手にゆっくりと戻してあげることを手助けしてくれます。実際に私はパラフレーズすることを意識し、人の話をしっかり聞くようになったおかげで、色々な場面で会話の質が上がったと実感しています。

例えば、私のパートナーはアメリカ人なので、私とは育った環境も持っている価値観も違います。そして言語の壁もあるので、相互理解が不完全なまま会話が流れてしまう場面がしばしばありました。でも私がパラフレーズを意識し始めてから、夫から「最近『自分を理解してもらえた！』と会話の中で感じることが増えた気がする！ いつも真剣に話を聞いてくれてありがとう」と言われたのです。さらに私自身にも変化がありました。英語で会話をする時に常に感じていた「焦り」や「前のめり感」がかなり減り、言葉を選んだり相手の考えや気持ちを推し量ったりするバッファ（ゆとり）ができた気がしています。

このようにパラフレーズを使うと、相手の言った情報を一旦整理するワンクッションが置ける。情報が整理されれば、相手の言いたいことや気持ちがより理解しやすくなる。こうして相互理解を深め、お互いの距離を縮めてくれることがパラフレーズの一番の効果で、魅力なのだと思います。

相手に寄りそうパラフレーズ、でも "Fix it" しちゃうと会話は広がりにくい

さて、もしあなたの友達が「最近太っちゃってさー。手持ちの服が全然入らないんだよね〜」と言ってきたら、あなたなら何て答えますか？

「えー！ そうなの !? 全然わからないよ！」
「わかる！ 私も 3 年前のパンツとか全部入らない！」
「そうなんだ〜！ 何キロくらい太ったの？」
「そうかー。ダイエットには〇〇するといいらしいよ！」

…などの返答が思い浮かんだのではないでしょうか。

このように私たちは「相手の気持ちを軽くしてあげたい！」とか「場の雰囲気を明るくしたい！」とか、とにかく色々な場面を〔Fix it ＝直そう〕

と反射的に行動していると思います。

■ "Fix it" 型の返答

Advise　アドバイスする

I think you should _____ . Here's what I would do _____ .
（____するべきだと思う。私だったら___するな〜）

This could be positive if you just _____ .
（____っていう見方をすればポジティブに転換できるんじゃない？）

Dismissing (One-upping)　相手の問題を過小評価する

Oh, that's nothing. Wait till you hear _____ .
（そんなの大したことないよ。私なんて___だよ）

Cheer up! Tomorrow's gonna be a new day.
（元気出しなって！ 明日は明日の風が吹く、だよ）

Consoling　慰めようとする

It wasn't your fault because _____ .
（_____なんだから、あなたのせいじゃないよ）

Oh, you poor thing.　（えーー、かわいそうに）

Storytelling　自分語り

This reminds me of the time _____ .
（それで思い出した！ 私の場合、_____ってことがあってね）

Interrogating　尋問する・調査する

When did this begin?　（それっていつからなの？）

Correcting　訂正する

I don't think that's what happened.　（それは勘違いじゃない？）

I think he would have done that for you, but he couldn't because _____ .
（いや、彼は君のためにそれをやろうと思ってたんだと思うよ。でもきっと___だっ
たからできなかったんじゃないかな）

普段の会話でよく言ってるヤツ…！と意外に感じた方も多いのではないかと思います。実際 "Fix it" 型の返答は会話の流れとしてはごくごく自然です。しかし！ "Fix it" には大きな落とし穴があります。それは「相手の話を全力で受け止めることができなくなってしまう」ということ。

例えてみると、"Fix it" はジャグリングしながらキャッチボールをしようとしているみたいなものなのです。「 "Fix it" しなきゃ！」「何か上手いことを切り返したい！」「どんな表現を使ったらいいのだろう？」という思考のジャグリングに気を取られてしまっては、相手から投げられたボール（＝メッセージ）をしっかりキャッチすることはできないですよね。

きっとあなたも「相手の言っていることは自分の抱えている問題を解決する方法として、すごく理にかなって、見事に "Fix it" されている。でも、なぜか自分の気持ちは晴れないなあ…」と感じた経験が一度はあるのではないでしょうか？

だから "Fix it" する前に、まずは相手の言っていることを一旦受け取って、受け止めてあげる。それが聞き上手さんの役割で、それを可能にしてくれるのがパラフレーズなのです。

パラフレーズ・魔法の3 STEP

パラフレーズをする時は、**1.出来事　2.気持ち　3.ニーズ** の３つに注目するのがオススメです！

■1. 出来事のパラフレーズ

起きた出来事をパラフレーズしてあげながら、相手が伝えたい話の核心部分を浮き彫りにしていきます。そのためにはまず「それってつまり、ど

ういうこと？」という観点で観察していきます。

例えば、こんな話を友達から聞いたとします。

I went to a concert with Ami, and she showed up late, and it was so annoying!

アミと一緒にコンサートへ行ったんだけど、遅刻してきてすごくムカついた！

これに対し「それって、つまりどういうこと？」と問いかけてみると、例えばこんな風に考えることができます。（あくまで一例です！）

例１：これはつまり、アミが約束の時間を守らなかった
例２：これはつまり、アミを待った
例３：これはつまり、行動時間に余裕がなくなった

こうして核心部分を洗い出してみると、共感や理解できる取っ掛かりが増えますよね。

■2. 相手の気持ちをパラフレーズ

次に、1.が起きた時、話し手がどんな気持ちになったのかをイメージしてパラフレーズしてみます。

考えられる相手の気持ち：焦り、イラつき、落胆、不安、悲しみ、など

■3. 相手のニーズをパラフレーズ

最後に、話し手が2.のような気持ちになったのは、どんなニーズが満たされなかった／満たされたからなのか？を想定してパラフレーズしてあげます。

考えられる相手のニーズ：コンサート開始に間に合いたい、よい席を取りたい、時間に余裕を持って行動したい、焦りたくない、約束の時間を守ってほしい、自分の時間を尊重してほしい、など

この３つのステップで出てきた情報を掛け合わせてみると、例えばこん

な風にパラフレーズができます。

相手の話

> I went to a concert with Ami, and she showed up late, and it was so annoying!
> アミと一緒にコンサートへ行ったんだけど、遅刻してきて、すごくムカついた！

パラフレーズ後のコメント

> What, you had to wait for Ami to show up? Man, you must have been so frustrated. I mean, you were counting on her to be on time so you could get good seats, right?
> えーー！ アミ、時間通りに来なかったの？ そりゃー、フラストレーション溜まるね。ちゃんと来ることを当てにしていて、よい席を取りたかったんでしょ？

　もちろん私たちはテレパシーが使える訳ではないので、相手の気持ちやニーズを相手が意図した通りに汲み取れないこともたくさんあります。パラフレーズでコメントしてみたら、実は全然的外れだった！みたいなことも頻発するでしょう。でもそれでいいのです。だってそのための確認作業ですから。もしこちらの解釈が間違っていても、確認作業さえしていれば相手に訂正するチャンスをあげられるということです。

例えばこんな風に訂正されるかもしれません。

> Well, I didn't really care about the seats, but I just don't like having to rush, you know?
> いや、別によい席が取りたかったわけではないんだけど、私、せかせか行動するのが嫌なんだよね。

とか、

> **Yeah, but what bothered me more was the fact that she didn't respect my time and took our promise kind of lightly.**
> うん、まあよい席を取りたかったのもあるけど、私にとっては時間を尊重してくれなかったのと、約束を軽く見られていた、みたいなのが、もっと嫌だったかな。

　こうしたやりとりを繰り返していくことで、お互いの理解の解像度をどんどんクリアにしていき、会話の「ボタンの掛け違え」を減らすことができるのも、パラフレーズの魅力です。

　そしてパラフレーズは、もちろんポジティブな出来事に対してだって使えますよ。

　例えば、

> **I got a promotion!! I am so excited!!!**
> 昇進した !! めちゃくちゃ嬉しい !!!

という話にパラフレーズコメントすると、

> **Wow!! Congratulations! You must feel so excited and proud! I'm sure it's really encouraging when your hard work is recognized and appreciated!**
> わあ、おめでとう！ さぞかし嬉しいし誇らしい気分だろうね！【気持ち】自分の努力が認められて感謝される【ニーズ】って、すごくモチベーションが上がるんじゃない？

といったような返答ができます（あくまで一例です）。このように、出来事のポジティブ・ネガティブにかかわらず、パラフレーズは相手の気持ちに寄り添った返しをするのにとても有効なのです！

パラフレーズで相手の気持ちを確認してみよう

気持ちのパラフレーズに使える定型文

🔊 28

相手の気持ちをパラフレーズを使って確認していきたい時は、こんなフレーズを使ってみてください。

Ah! So when X happened, you felt Y ?
そうか！じゃあ X が起きた時、Y って感じたんだね。

I see. Let me repeat what I heard you say. I heard _____.
なるほど。今言ってくれたことを確認させてね。つまり _____ っていうことなのかな？

I see. So what you're thinking here is _____.
そっかそっか。じゃあ _____ って考えてるんだね。

You are kind of feeling _____?
_____ って感じなのかな？

You are sort of feeling that _____.
_____ だと感じてるのか。

You are sort of saying _____.
_____ っていうことか。

As I get it, you felt that _____.
_____ って気持ちになったってことか。

As I get it, you're saying _____.

_____ って思ったってことか。

I'm picking up that you _____.

_____ って感じているみたいだね。

If I'm hearing you correctly, _____.

もし私の理解が正しければ _____ ってことかな。

To me, it's almost like you're saying _____.

あなたが言ってるのは _____ だということかな。

It kind of made / makes you feel _____?

_____ みたいな感じに思ったってことかな？

The thing you feel the most right now is sort of _____?

あなたが今一番感じていることは _____ っていうことかな？

Are you expressing a concern that _____?

_____ ということが心配なのかな？

It sounds as if you're saying you _____.

_____ と思ってる風に聞こえる（けど合っているかな）。

I wonder if you're saying you _____?

_____ ということかな？

You place a high value on _____.

_____ があなたにとって大切ってことなんだね。

It seems you feel _____.

_____ と感じているみたいだね。

Sometimes you think _____?

時々 _____ だと思うってことなのかな？

You appear to be feeling _____.

_____ だと感じているように見えるよ。

It appears to you _____.

（物事や出来事を）_____ という風に捉えたってことだよね。

This could be a long shot, but do you mean _____?

全然違うかもしれないけれど、_____ ってこと？

So, from where you sit, it appears that _____.

あなたから見ると（物事や出来事が）_____ に感じるってことだよね。

You must have felt _____.

それってきっと _____ って感じだよね。

I gather _____.

私は（あなたの話を聞いて）_____ と理解したよ。

気持ちのパラフレーズコメント例

🔊 29

次に、気持ちをパラフレーズしたコメント例を見ていきましょう。

＊パラフレーズの内容はあくまでも一例です。

> I feel so fat! I don't want to see myself in the mirror.
> すごくデブに感じる！ 鏡を見たくもないよ。

> I see. Are you feeling disappointed with how you look today?
> そうか。今日の自分の容姿にテンションダダ下がりな感じ？

> I am so stupid! Why did I do that?
> ああー、私って本当にバカ！ なんであんなことをしたんだろう？

> Hmm. I see that you are frustrated with yourself because you wanted to act differently.
> なるほど〜。もうちょっと違う風に行動したかったのに、それができなくて情けなく感じているのかな？

> He's such a jerk for not calling me. I'm so pissed at him.
> 電話もくれないなんて、彼、最悪じゃない？ めちゃくちゃムカつくんだけど。

> Dang. You must feel sad not to hear from him when you want to feel his presence.
> そうか〜。つながっていたいのに連絡がないと、悲しくなるよね。

I'm so nervous about the party I am planning.
今企画しているパーティーが上手くいくか、めちゃくちゃ不安だよ。

I hear you. You are really anxious and overwhelmed about prepping it all by yourself, huh?
そうだよね。1人で全部準備するのって不安だし、いっぱいいっぱいになっちゃうよね。

I was just being lazy all day today. I feel like I wasted my day.
今日ずっとダラダラしていたよ。1日を無駄にした気分。

Ah. Do you feel a little anxious and disappointed because you wanted to do something else with your time?
そっか。できればもっと違う時間の使い方をしたかったから、残念だし、ちょっと焦ってる感じ？

I'm so sick of attending online meetings!
もうオンライン会議はウンザリだよ！

It must be frustrating for someone like you who prefers meetings in person.
うんうん。あなたみたいに対面の会議の方が好きな人には、さぞフラストレーションが溜まるだろうね。

Ugh. My boyfriend left me on read again!
うわ。また彼が既読スルーなんだけど！

Oh, he didn't text you right away, huh? You must feel a little worried.
ああ、彼がすぐ返事を送ってこなかったんだ？ ちょっと心配だよね。

We went to the beach on the weekend! It was so fun!
週末は海に行って、めちゃくちゃ楽しかったよ！

Oh, you got to spend some time outdoors! You seem like you are really happy about that!
アウトドアの時間を楽しんだんだね！ すごく嬉しそう！

My classmate recommended this movie to me, and it was so good!
クラスメートがオススメしてくれたこの映画、すごくよかったんだよね！

Aw, that's so cool that your classmate knows what you would like. I bet you feel so excited to find another favorite movie!
へえ！ その人（クラスメート）、あなたの映画の好みをよくわかっているんだね。大好きな映画が増えて、嬉しいんじゃない？

ニーズをパラフレーズしてみよう

　次にニーズをパラフレーズするタイプのコメント例を見ていきますが、ニーズと言ってもイメージがわかないですよね。ということで、ここで一旦色々なニーズの種類を確認してみましょう。

ニーズの例

■Certainty （安定や安心を確保したい）

clarity　明晰さ

order　秩序

peace　平和

equality　平等

safety　心理的安全

security　安全

stability　安定

integrity　誠実さ

honesty　正直さ

authenticity　真実味

consistency　一貫性

awareness　自覚

hope　希望

■Love and Connection （愛・つながりを感じたい）

trust　信頼

humor　ユーモア

support　サポート

harmony　調和

respect / self-respect　尊重

mutuality　相互理解

warmth　あたたかさ

affection　愛情

cooperation　協力

communication　コミュニケーション

closeness　親密さ

community　コミュニティー

companionship　仲間

belonging　所属・帰属意識

compassion　思いやり

consideration　配慮、気遣い

intimacy　親密さ

empathy　共感

inclusion　仲間に入れてもらうこと

to see and be seen　相互認知 （知ってもらうこと）

to understand and be understood　相互理解 （わかってもらうこと）

communion　交流

participation　参加

■ Self-esteem （価値ある存在でいたい）

consciousness　意識

purpose　目的

appreciation　認めてもらうこと

acceptance　受け入れられること

to matter　大切であること

self-expression　自己表現

autonomy　自主性、自立

effectiveness　効果的であること

choice　選択権

freedom　自由

independence　自立

space　余裕、空間、あそび

celebration of life　人生を楽しむこと

spontaneity　のびのびすること、自発性、制約がないこと

interdependency　相互依存

■ Variety （変化がほしい）

inspiration　インスピレーション

play　遊び

stimulation　刺激

discovery　発見

■ Growth （成長したい）

creativity　創造性

efficacy　能率

growth　成長

nurturing　はぐくみ

learning　学び

understanding　理解

competence　能力

challenge　挑戦

■ Contribution （貢献したい）

contribution
　　貢献、人の役に立つこと

ease
　　気楽さ、肩肘張らない、リラックス

118

ニーズを含んだパラフレーズコメント例

p.117 〜 118 のニーズの種類を念頭におきながら、次のパラフレーズ例を見てみましょう。こんな風にニーズを捉えてパラフレーズできると、一気に相手との距離が縮まるかも！

> She's so rude! She's always really short with me when we are working together, and I really don't like it.
> 彼女ってすごく態度が悪いんだよね！ 一緒に働いている時もすごく素っ気なくて、本当に気分が悪いよ。

> Oof. That must make you feel kind of anxious to be around her because you can't relax and just be in harmony with her in general, right?
> うわ〜。そうすると普段からリラックスして和やかに過ごせないし、彼女のそばにいると何か不穏な気分なんじゃない？

> Ugh. My coworker was a no-show again. She's so irresponsible.
> うわ。同僚がまたバックレなんだけど。彼女って本当に無責任だよ。

> Darn. As I get it, you are feeling sort of irritated and disappointed because you want to be able to rely on her.
> わー。彼女に頼りたいのに、それができないとなるとイライラするし、結構ガッカリする感じ？

I always cook for my partner, and it's so unfair.
私ばかりパートナーにご飯を作ってあげていて、不公平なんだけど。

Ah. You cook every day for your partner, huh? It sounds like you are tired and disappointed because you want there to be more cooperation and signs of appreciation from your partner.
そっか、毎日パートナーのために料理しているのかあ。もっとパートナーに協力してほしいし、感謝の気持ちを伝えてほしいから、疲れてがっかりしちゃってる感じかな。

Everyone is so much better at this job than I am. It's really stressing me out.
みんな私よりずっと仕事ができるんだよね。それが本当にストレスになっていてさあ。

Right. When you see other people do their job so efficiently, it must make you feel anxious and also kind of disappointed in yourself. It sounds like you want to be more competent and needed like others. Is that right?
うんうん。他の人がすごく効率的に仕事をこなしているのを見ると、不安になるし、自分が情けなくなったりするよね。自分もちゃんと仕事ができるようになって、必要とされたいじゃんね。

He forgot to pay our rent! I can't believe he forgot. I mean, how?

彼、私たちの家賃を払うのを忘れていたんだよ！ 本当に信じられない。普通、忘れなくない？

Wow. I imagine you were angry and a little scared. You don't want to have to worry about the rent, I'm sure. Also, you want to be able to trust him with responsibilities, right?

わあ、それは怒りと共に、結構ヒヤッとしただろうね。家賃の心配をしたくないだろうし、彼に色々任せられるようになりたいよね。

She always takes too long to order her food. She's so indecisive.

彼女っていつも食べ物を注文するのに時間がかかるんだよね。本当に優柔不断だと思う。

Ahh. When she takes longer than you to decide on what to get, you feel impatient because you want to order soon. That way you can eat soon?

ああ。彼女のメニュー選びがあなたより遅いと、じれったく感じるのかな？ それって早く注文すればそれだけ早く食べ物にありつけるから？

This class is soooo boring. I can't believe I signed up for this.

このクラス、超つまんね。なんでこんなクラスに申し込んだんだろう…。

I hear you. When all the teacher ever does is read the textbook, it makes you feel so stuck because you need some stimulus and activity to engage your mind, right?

ああ、わかる。先生が教科書を読むだけだと、時が止まったみたいに感じない？ 自分の頭を使うような刺激とかアクティビティが必要だよね。

121

There she goes again. I wish someone would just shut her up!

うわー、でたでた〜。誰か彼女のおしゃべりを止めてくれないかな。

I see that you are feeling annoyed. Is that because you want there to be an equal opportunity for everyone to talk?

イラついてますね〜。やっぱり、他の人にも均等に発言する機会がほしい感じ？

Everyone in that group was really snobby, and I didn't like it.

あのグループの人たち、なんかスカしてて感じ悪かったわ〜。

Eesh. That sounds like you felt uneasy and alone. I mean, you were looking to feel welcomed and connected, right?

えーっ。ソワソワするし、孤独を感じちゃうね、そりゃ。他の人とつながりたいとか、受け入れてほしいって思うよね。

My mom just starts talking about random things all at once, and it drives me absolutely crazy.

うちのお母さんって、いきなり関係ない話題をいっぺんに話し始めるから、（聞いていると）本当に気が狂いそうになる。

Right. It sounds like when your mom jumps from one topic to another, it makes you feel confused and exhausted because you want there to be clarity and order.

そっか。お母さんが間髪入れずに別の話題に飛ぶと、混乱して疲れちゃうのか。ちゃんと順を追ってしっかり理解したいんだよね。

LET'S PRACTICE!

練習してみよう！

　　各例題を読んで、相手の気持ちやニーズをすくったパラフレーズコメントを贈ってあげましょう。

1）I was just being lazy all day today. I feel like I wasted my day off.
（今日ずっとダラダラしていたよ。休日を無駄にした気分）

パラフレーズしたコメント：＿＿＿＿＿＿＿＿＿＿＿＿＿＿

＿＿＿＿＿＿＿＿＿＿＿＿＿＿＿＿＿＿＿＿＿＿＿＿＿＿＿

＿＿＿＿＿＿＿＿＿＿＿＿＿＿＿＿＿＿＿＿＿＿＿＿＿＿＿

2）Miki asked me to drive her to the airport, but I couldn't. I feel really guilty about that …
（ミキに空港まで送って！って頼まれたんだけど、送れなかったんだよね。すごい罪悪感…）

パラフレーズしたコメント：＿＿＿＿＿＿＿＿＿＿＿＿＿＿

＿＿＿＿＿＿＿＿＿＿＿＿＿＿＿＿＿＿＿＿＿＿＿＿＿＿＿

＿＿＿＿＿＿＿＿＿＿＿＿＿＿＿＿＿＿＿＿＿＿＿＿＿＿＿

3）I have been feeling a little depressed recently, I'm not sure why …
（なぜかわからないけど、私、最近塞ぎ込みがちなんだよね…）

パラフレーズしたコメント：＿＿＿＿＿＿＿＿＿＿＿＿＿＿

＿＿＿＿＿＿＿＿＿＿＿＿＿＿＿＿＿＿＿＿＿＿＿＿＿＿＿

＿＿＿＿＿＿＿＿＿＿＿＿＿＿＿＿＿＿＿＿＿＿＿＿＿＿＿

EXAMPLE ANSWER → p.289

コツ #3 感情のボキャブラリーを増やす

　相手が感じているであろう気持ちを、しっくりくる言葉でパラフレーズしてあげられるようになるために、そして自分の気持ちも表現できるようになるために、感情のボキャブラリーをたっぷり蓄えておきましょう！

エネルギー高めのポジティブ感情

ウキウキ・ルンルン

happy　幸せな

glad　嬉しい

thrilled　すごくワクワクした

excited　嬉しくて興奮した

exuberant　元気いっぱいの

ecstatic　すごく嬉しくて興奮した

joyful　嬉しさでいっぱいの

exhilarated　ウキウキして元気いっぱいの

elated　嬉しくてテンションが上がった

delighted　喜んだ

pleased　満足した

radiant　晴れ晴れした

amused　嬉しい、満足した

ワクワク・ドキドキ

inspired　インスピレーションが湧いた

amazed　何かに関してワクワクした

engaged　熱中している

absorbed　没頭している

alert　意識が研ぎ澄まされた

curious　興味をそそられた

fascinated　興味をそそられた

interested　興味をそそられた

intrigued　興味をそそられた

stimulated　刺激された

engrossed　夢中な

enchanted　心惹かれた

entranced　魅了された

confident　自信を持った

empowered　力づけられた

proud　誇らしい

のびのび

peaceful　穏やかな

calm　穏やかな、落ち着いている、冷静な

clearheaded　思考がクリアな

comfortable　心地よい

centered　安定した

grounded　安定した

content　満足した

fulfilled　達成感・充実感がある

mellow　のんびりした

relaxed　リラックスした

relieved　ほっとした

satisfied　満たされた

serene　平穏な

tranquil　穏やかな

trusting　信頼している

open　オープンな気持ちの

safe　安心した

secure　安全で守られていると感じている

キラキラ

blissful　恵まれていると感じている

refreshed　リフレッシュした

rejuvenated　活性化された

rested　よく休めた

restored　回復した

revived　復活した

hopeful　前向きで希望を感じている

encouraged　励まされた

optimistic　ポジティブな気持ちの

ほくほく

grateful　感謝の気持ちを感じている

appreciative　ありがたい

thankful　感謝の気持ちでいっぱいの

affectionate　愛情に満ちた

compassionate
　思いやりや気遣いにあふれた

friendly　フレンドリーな

loving　愛のある、思いやりのある

open-hearted
　オープンで受け止める気持ちが高い

sympathetic
　思いやりや共感（同情）を持っている

tender　優しい気持ちの

warm　あたたかい気持ちの

moved　感動した

touched　感動した

wondering　思いを巡らせている

ムカムカ・イライラ

annoyed　イラっとした

irritated　イラついた

frustrated　フラストレーションがたまった

impatient　もどかしい

resentful
　慣慨した、糾弾している、反感を持った

upset　悲しい、怒った

aggravated　腹が立った

メラメラ

exasperated　激怒した

enraged　怒った

outraged　激怒した

furious　激怒した

livid　激怒した

appalled　憎悪のある

disgusted　軽蔑した

horrified　ゾッとした

hostile　敵意を持った

repulsed　嫌悪感を持った

ピリピリ・ザワザワ

agitated　たきつけられた

tense　ピリピリしている

cranky　イラついている、機嫌が悪い

alarmed　警戒している、危機感のある

distressed　心を痛めた、悩んでいる、
　神経をすり減らした

edgy　ピリピリしている

anxious　不安な

restless　ソワソワしている

uneasy　心配な

unsettled　不安定な

troubled　〜について悩んでいる

disconcerted　どぎまぎした

disturbed　心が波立った（掻き乱された）

rattled　慌てた、心がザワザワする

shocked　ショックを受けた

startled
　動揺した、びっくりした、ハッとした

surprised　驚いた

turbulent　掻き乱された

in turmoil　混乱・動揺した

uncomfortable　居心地が悪い

distraught　気が動転した

エネルギー低めのネガティブ感情

もやもや

confused 混乱した

lost 困惑・迷走した

disconnected 周りから切り離された

detached 無感覚で興味がない

distant 無関心、冷ややかな、よそよそしい

indifferent 無関心な

numb 麻痺した

めそめそ

sad 悲しい

depressed 落ち込んだ

disappointed がっかりした、落胆した、失望した

discouraged やる気を失った

devastated 打ちのめされた

heartbroken 大切なものなどを失って悲しい

hurt 傷ついた

lonely 寂しい

miserable 惨めな

ハラハラ・ソワソワ

afraid 怖い

scared 怖い

worried 心配した

overwhelmed 圧倒されていっぱいいっぱいになっている

restless ソワソワしている

stressed out ストレスがたまっている

くたくた

fatigued 疲労や倦怠感を感じている

burnt out 燃え尽きたように感じている

exhausted 疲れ果てた

tired 疲れている

worn out ヘトヘトになっている

distracted 気が散っている

ウジウジ・おどおど・びくびく

vulnerable 精神的に傷つきやすくなった

helpless 無力感を覚えている

insecure コンプレックスを感じている

isolated 孤立を感じている

embarrassed 恥ずかしい

ashamed 恥じている

guilty 罪悪感を覚えている

mortified 恥ずかしくて面目を失った

self-conscious 人目が気になる

envious うらやましい

jealous ねたましい

happy　幸せな

glad　嬉しい

thrilled　すごくワクワクした

excited　嬉しくて興奮した

exuberant　元気いっぱいの

ecstatic　すごく嬉しくて興奮した

joyful　嬉しさでいっぱいの

inspired　インスピレーションが湧いた

amazed　驚いた、感心した

engaged　熱中している

absorbed　没頭している

alert　意識が研ぎ澄まされた

curious　興味をそそられた

fascinated　魅了された

interested　興味をそそられた

exhilarated　元気いっぱいの

elated　テンションが上がった

delighted　喜んだ

pleased　満足した

radiant　晴れ晴れした

amused　嬉しい、満足した

intrigued　興味をそそられた

stimulated　刺激された

engrossed　夢中な

enchanted　心惹かれた

entranced　魅了された

confident　自信を持った

empowered　力づけられた

proud　誇らしい

peaceful　穏やかな

calm　穏やかな、冷静な

clearheaded　思考がクリアな

comfortable　心地よい

centered　安定した

grounded　安定した

content　満足した

fulfilled　達成感・充実感を感じている

mellow　のんびりした

blissful　恵まれていると感じている

refreshed　リフレッシュした

rejuvenated　活性化された

rested　よく休めた

restored　回復した

grateful　感謝を感じている

appreciative　ありがたい

thankful　感謝でいっぱいの

affectionate　愛情に満ちた

compassionate　思いやりにあふれた

friendly　フレンドリーな

loving　愛のある

relaxed　リラックスした

relieved　ほっとした

satisfied　満たされた

serene　平穏な

tranquil　穏やかな

trusting　信頼している

open　オープンな気持ちの

safe　安心した

secure　守られていると感じている

revived　復活した

hopeful　希望を感じている

encouraged　励まされた

optimistic　ポジティブな気持ちの

open-hearted　受け止める気持ちが高い

sympathetic　共感を持っている

tender　優しい気持ちの

warm　暖かい気持ちの

moved　感動した

touched　感動した

wondering　思いを巡らせている

annoyed イラっとした	troubled 〜について悩んでいる
irritated イラついた	resentful 憤慨した、反感を持った
frustrated イライラがたまった	upset 悲しい、怒った
impatient もどかしい	aggravated 腹が立った
exasperated 激怒した	appalled 憎悪のある
enraged 怒った	disgusted 軽蔑した
outraged 激怒した	horrified ゾッとした
furious 激怒した	hostile 敵意を持った
livid 激怒した	repulsed 嫌悪感を持った
agitated たきつけられた	disconcerted どぎまぎした
tense ピリピリしている	disturbed 心が波立った
cranky イラついている	rattled 心がざわざわする
alarmed 警戒している	shocked ショックを受けた
distressed 心を痛めた	startled 動揺した、びっくりした
edgy ピリピリしている	surprised 驚いた
anxious 不安な	turbulent 掻き乱された
restless ソワソワしている	in turmoil 混乱した
uneasy 心配な	uncomfortable 居心地が悪い
unsettled 不安定な	distraught 気が動転した

confused 混乱した	ashamed 恥じている
lost 困惑した	distant 無関心、よそよそしい
disconnected 周りから切り離された	indifferent 無関心な
detached 無感覚で興味がない	numb 麻痺した
sad 悲しい	heartbroken 失って悲しい
depressed 落ち込んだ	hurt 傷ついた
disappointed がっかりした	lonely 寂しい
discouraged やる気を失った	miserable 惨めな
devastated 打ちのめされた	overwhelmed 圧倒されている
afraid 怖い	restless ソワソワしている
scared 怖い	stressed out ストレスがたまっている
worried 心配した	tired 疲れている
fatigued 倦怠感を感じている	worn out ヘトヘトになっている
burnt out 燃え尽きた	distracted 気が散っている
exhausted 疲れ果てた	guilty 罪悪感を覚えている
vulnerable 傷つきやすくなった	mortified 恥ずかしくて面目を失った
helpless 無力感を覚えている	self-conscious 人目が気になる
insecure コンプレックスを感じている	envious うらやましい
isolated 孤立を感じている	jealous ねたましい
embarrassed 恥ずかしい	

　単語以外にも、英語には感情を表す慣用句がたくさんあります。日本人の私たちにとってはちょっとフシギな感じがする言い回しもあったりしますが、ここで取り上げているのは日常会話でとーーーってもよく聞く表現なので、是非ストックしておいてくださいね！

ハッピー！な気分を表すイディオム

🔊 31

on cloud nine　舞い上がって

I was on cloud nine when I heard I'd gotten the promotion!

昇進の知らせを聞いた時、本当に嬉しくて舞い上がったよ！

on top of the world　有頂天で

After I got engaged, I felt on top of the world.

婚約した後、すごく有頂天だったよ。

over the moon　とても嬉しい

Sumire was over the moon about her vacation to Stockholm. She said it was the best trip she's ever taken!

スミレはストックホルム旅行がすごく楽しかったと言ってた。今まで行った旅行の中で一番よかったって！

in high spirits　とてもポジティブな気分で

Happy hour was a lot of fun. Everyone was laughing and in high spirits.

ハッピーアワーで飲みに行ったんだけど、すごく楽しかったよ。みんな笑ってて、すごくいいムードだった。

make one's day　とても嬉しい

I received a really nice compliment, and it made my day.

すごく温かいほめ言葉をもらって、とても嬉しかった。

a happy camper　とても満足した / 嬉しい

I don't have anything negative to say about this company. I'm a happy camper.

今の会社に不満はないよ。すごく満足しているんだ。

ムカムカ！怒りを表すイディオム

bent out of shape　腹を立てて / 過度に心配して

I accidentally spilled wine on Maki's carpet, and she got bent out of shape about it.

マキの家のカーペットにワインをこぼしたら、めちゃ怒ってた。

up in arms　いきり立った / 騒いでいる

He made an insensitive remark on his podcast, and now his listeners are up in arms.

彼はポッドキャストで無神経な発言をしたので、リスナーたちが怒っている。

beside oneself　怒りや悲しみなどがあふれている

One time in high school, I stayed out all night and didn't tell my parents. They were beside themselves with anger.

高校生の時、親に内緒で外泊したんだよね。親はめちゃくちゃ怒り狂ってた。

lose one's cool　取り乱す

As a team leader, it's important to never lose your cool in front of the team members.

チームリーダーとして、メンバーの前でカッとなったり取り乱さないことは大切だよ。

blow a fuse　キレる

Did your parents blow a fuse when you told them about your report card?

学校の成績表のことを言った時、親にキレられた？

see red　激怒する / 激怒で我を失う

The shirt I ordered online looked nothing like the picture. I saw red after I opened the package.

ネットで買ったシャツが写真と全然違っていて、箱を開けた瞬間怒りが沸騰した。

make one's blood boil　頭に血がのぼる / 頭にくる

Seeing people litter in this beautiful park makes my blood boil.

こんなにキレイな公園にポイ捨てする人を見ると、本当に頭にくるね。

go off the deep end　（周りが見えなくなるくらい）ブチ切れる

I went off the deep end and started yelling. I don't think I've ever been so mad in my entire life.

あまりにブチ切れ過ぎて、怒鳴ってしまった。今までの人生であんなに怒ったのは初めてかも。

fly off the handle　キレて取り乱す

My boss completely flew off the handle when he got interrupted during his presentation.

プレゼンの途中で邪魔が入り、上司は激おこだった。

foam at the mouth　怒って怒鳴り散らす / 憤慨する

"Karen" was foaming at the mouth, demanding an unreasonable refund at the ticket counter.

クレーマーがチケットカウンターで理不尽な返金を要求して、怒り狂っていた。

＊"Karen" はクレーマーを意味するスラング。

フラストレーションやウザいなあ…を表すイディオム

🔊 32

fed up with ～　～にうんざりして

Mayumi finally broke up with Paul. She was fed up with his fear of commitment.

煮え切らない態度のポールにうんざりして、マユミはついに彼と別れた。

have had enough　うんざりする

We've had enough of these stupid superhero movies. I wish Hollywood would produce unique movies.

もうばかげたスーパーヒーローモノの映画にはうんざりだよ。なんでハリウッドはもっと個性的な作品を作らないんだろう？

can't take it anymore　（うんざりして）我慢できない

Matt had to file all the paperwork for his visa. He says there were times when he felt that he simply couldn't take it anymore.

マットはビザのために用意しなきゃいけない書類が山積みで、「もう無理かも…」と挫けそうになったことが何度もあったらしい。

can't even right now　（感情が高まりすぎて）言葉が出ない

Wow. This is the third time they messed up my bill this month. I can't even right now.

請求書の間違い、今月で3回目だよ。もう怒り過ぎて言葉もないわ。

have had it up to here　もう我慢の限界に達しそうだ

I've had it up to here with our department's unnecessary meetings.

うちの部署の無駄な会議には、もうほとほと我慢の限界だよ。

　＊ here と言うのと同時に、目の辺りに手を持ってきて、限度を超えそうなことを表します。

133

at one's wit's end　途方に暮れて

Our flight was delayed three different times and then canceled. We were at our wit's end.

飛行機が3回遅れた挙句キャンセルになってしまって、私たちは途方に暮れた。

悲しい…を表すイディオム

bummed out　がっかりした

The concert sold out before we could get tickets. We're all pretty bummed out about it.

あのコンサートのチケット、買う前に売り切れになっちゃってガッカリだったよ。

feel blue / have the blues　憂うつな気持ちになる

Reading a book is a great way to make yourself feel better when you have the blues.

読書は憂うつな気分を晴らすのにピッタリだよね。

not a happy camper　不満の / ハッピーでない

The service was not good, and our server got both of our orders wrong. We were not happy campers.

接客はよくなかったし、注文も間違えられて、満足とは言えないなあ。

hang one's head　（恥ずかしい / 残念に思って）うなだれる

The whole basketball team was hanging their heads after they lost by 50 points.

バスケで惨敗したあと、チームの全員がうなだれていた。

feel out of sorts 調子が悪い

When I travel across time zones, I normally feel out of sorts for a few days.

違うタイムゾーンに行くと、数日間は落ち着かなくて調子が悪いんだよね〜。

怖い！を表すイディオム

33

shaken up （恐怖などで）ショックが残っている

Nori was shaken up for a while after the car accident.

ノリは自動車事故のあと、しばらくショックが残っていたみたい。

jump out of one's skin （腰が抜けそうなくらい）びっくりする

I almost jumped out of my skin when Tomomi threw me a surprise party!

トモミがサプライズパーティーをやってくれた時、びっくりして腰が抜けるかと思った！

shake like a leaf ガタガタ震える

Kiyomi said she was shaking like a leaf when she gave a speech in front of a large audience, but we could hardly tell!

キヨミは大勢の前でスピーチをした時、緊張でめちゃくちゃ震えてたって言ってたけど、観客側からしたら全然わからなかった！

scared to death 超ビビった

I was scared to death when I heard the fire alarm go off at 3 a.m.

夜中の3時に火災報知器が鳴り響いて、めちゃくちゃビビった。

blood runs cold　血の気が引く

Seeing the man who robbed her in court made Miki's blood run cold.

法廷で自分を襲った強盗犯を見て、ミキは血の気が引いた。

sinking feeling　嫌な予感 / 不安 / 心配

I always have a sinking feeling when my doctor goes over my lab tests with me.

お医者さんと検査結果を一緒にチェックする時、いつも不安でドキドキするんだよね。

ソワソワ・不安を表すイディオム

get / have butterflies in one's stomach　ソワソワする

Do you ever get butterflies in your stomach before job interviews?

仕事の面接を受ける前って、すごくソワソワしない？

on pins and needles　ハラハラして

I was on pins and needles for two weeks while I waited to hear if I had gotten the job.

新しい仕事に採用されたかどうか結果がわかるまで、2週間ずっとハラハラして待っていたよ。

on edge　ピリピリして

Nao is always on edge before an important presentation.

ナオは大事なプレゼンの前はいつもピリピリしている。

機嫌が悪い・調子が悪い時に使えるイディオム

wake up on the wrong side of the bed　ご機嫌ななめだ

I'm sorry for how I acted earlier. I think I woke up on the wrong side of the bed today.

さっきは態度が悪くてごめん。今日はなんか虫の居所が悪いみたいでさ。

don't feel like oneself　いつもの調子が出ない

I don't feel like myself until I've had at least two cups of coffee in the morning.

朝2杯くらいコーヒーを飲まないと調子が出ないんだよねえ。

feel a bit off / feel a little off　なんとなく調子が悪い

Some people feel a bit off in the middle of winter when the days are short and cold.

真冬は陽が短くて寒いから、調子が悪くなる人がいる。

LET'S PRACTICE!
練習してみよう！

❶ 感情を表す単語で初めて見たものをピックアップしてみてください。

1. _____

2. _____

3. _____

❷ 各単語がピッタリの自分の経験を思い出して、文章にしてみましょう。

1. I was _____ when _____

2. I was _____ when _____

3. I was _____ when _____

❸ 感情を表すイディオムで使ってみたいものを選んでください。

_____

_____

_____

❹ 各イディオムがピッタリの自分の経験を思い出して、文章にしてみましょう。

_____

_____

_____

_____

_____

RESPOND WITH PRESENCE
返し上手になる

ここまで、よいコミュニケーションを取るには、まず相手が投げてくれた言葉をしっかり受け取る練習をするのがオススメだよ、というお話をしました。次のステップでは、こちらからよい球を投げ返すためのコツをお伝えしていきます。

返し上手さんの特徴は？

次のパートに進む前に、まずあなたの周りの返し上手さんを思い浮かべてみてください。その人のどんなところが「返し上手だなあ」と思いますか？

私が「返し上手だなあ」と思う人はこんな感じです。

1. 話の要点をつかむのが上手（観察上手）
2. 言葉の使い方がユニークで面白い（言語化上手）
3. 質問上手
4. 発想の転換が上手

これからご紹介するコツやフレーズには、どんな特徴があるか、観察しながら読み進めてもらえると嬉しいです。

コツ#1 返事が思いつかない時の かわしテクニックを身につける

　返し上手になるには、いつも完璧な球を投げ返せなくてもいいのです。もしノーバンで球を投げ返せないなら、ワンバンで返したっていい。

　特に私たち英語学習者にとって、英語で会話のボールを投げ返すこと自体、ハードルが高かったりするじゃないですか。言いたいことがわかっている時はまだよいですが、なーーんにも思い浮かばずに頭が真っ白！ 相手の期待に満ちた視線がイ、イタイ…なんて時はプチパニックになって余計に言葉が出てこない！ という悪循環に陥ってしまうこともありますよね。そんな時は「一旦自分の状態を伝える」というワンバンボールを投げてみてください。今考えているからちょっと待ってね、とか、今は答えが思いつかないなあ、とか、そんな感じで。

答えが浮かばず困った時に使える時間稼ぎフレーズ

🔊 34

Hmm, let me think.
うーん、ちょっと考えさせてね。

Hmm, let me collect my thoughts really quickly.
うーん、ちょっと考えをまとめるから待って。

That is an excellent question. [Repeat the question.]
それは素晴らしい質問だね。［相手の質問を繰り返す］

You asked such a great question. Let me think for a minute.
本当に質問上手だね〜。ちょっと考えるね。

I love that question! Let's see ...
わあ、いい質問だね！ ええっと…。

140

Could you give me a second while I think about this?

ちょっと考えるから待ってもらってもいいかな？

I want to marinate on that one for a little bit. Let's see ...

なるほど、それはゆっくり考えたいヤツだわ。えっとね…。

Let me take a moment to think because I think it's important.

なるほど、それはちゃんと考えたいから少し待ってね。

Wow, I haven't thought about that. Let's see ...

わあ、それは考えたことなかったわ。そうだな…。

I haven't thought about it from that perspective. But through that lens, I would say____.

その角度で考えたことがなかったわ。その視点で考えるとしたら ____ かな。

There's more than one way to answer that, but I think the simplest answer would be____.

そうだねえ、いろんな答え方ができると思うけど、一番シンプルに答えるとしたら ____ かな。

I would love to answer that question, but I am having a hard time formulating my thoughts. Would you give me a little more context for that question?

その質問に答えたいんだけど、自分の考えがまとまらない気がする。その質問の背景をもう少し詳しく教えてくれる？

Although I don't have a clear answer right at this moment, I am so glad you asked. Can I think about it for a moment?

今すぐにはハッキリと答えられないんだけど、聞いてもらえて嬉しい。ちょっと考えてみてもいい？

You raise a thoughtful question that calls for a thoughtful answer.
Can I take a moment to think about it?

それは深い質問だから、ちゃんとした返答をしないとだね〜。少し考えさせて。

That's a great question, and I'm not sure I have the answer to
that right now, but it's something I'm interested in learning more
about.

それはいい質問だね〜。今すぐには答えられないけど、私自身それについてもっ
と知りたいと思っているんだよね。

相手に聞き返しちゃう!逆質問フレーズ

You asked such a great question. How would you answer that
question?

素晴らしい質問だね。あなただったらなんて答える?

What would you say if you were me?

あなたが私の立場だったらなんて答える?

I have no idea how to answer that question. What do YOU think?

わ〜、わかんないなあ。あなたはどうなの?

    * YOU を強調して言います。

わかんないよ〜!と軽くかわすフレーズ

🔊 35

I don't know how to answer that question. What I do know is____.

どう答えたらいいかわかんないけど、1つだけ確かなのは ____ ってことだよ。

I have been asking myself the same question, and I haven't found the answer yet. Will you let me know when you figure it out?

それ、私も考えてたんだけど、まあ答えはわかんないままだよね。あなたが解明したら教えてよ。

I am still trying to figure that out myself.

それは私も知りたいと思ってるんだよねえ〜。

You'd think I have an answer to that question, but the joke is on you because I don't have one!

それ、答えられると思うじゃん？ それが、私自身もわからないのです！
　＊冗談っぽく。

You know, if I had an answer to that question, I would probably be retired on some tropical island and sipping a pina colada.

その質問の答えがわかっていたら、今頃引退してどこか南の島で悠々自適な生活を送っているだろうよ。
　＊冗談っぽく。

どこから話したらいいか困っちゃった時のフレーズ

Boy, where do I begin?

ええ〜、どこから話そうかな。

Ah, there's just too much I want to say and too little time. How much time do you got?

ああ、言いたいことは山ほどあるんだけど、時間が足りないわ。どのくらい時間をかけていいの？

Okay, so there are two ways to answer this question. A 30-minute version and a 5-minute version. Which one do you want to hear?

さて、この質問には2通りの答えがあります。30分バージョンと5分バージョンです。さあ、どちらを聞きたいですか？

Are you sure you are ready to know the answer?

本当に答えを知る準備ができているのかい、キミは？

＊謎に意味ありげに言うと冗談として笑ってもらえるはずです！

コツ#2 質問で話を引き出す

　返し上手さんと話した後、ああ〜楽しかったな。でもちょっと自分のことばっかり話しすぎたかも…？　と、ほんのり恥ずかしくなっちゃった経験ってありませんか？　あなたが大のおしゃべり好きさんである場合を除き、そういう時って大体「相手があまりにも話の引き出し上手で、気づいたらスルスルとしゃべり散らかしちゃった」んだと思うのです。そんなしゃべらせ上手な人って Open-ended Question（オープンクエスチョン）を華麗に駆使していることが圧倒的に多いです。

　Open-ended Question とは、簡単に言うと「YES / NO で答えられない」タイプの質問、つまり回答者がいかようにも答えられるもの。テストで言うところの記述問題です（逆は Closed-ended Question（クローズドクエスチョン）と呼ばれています）。Open-ended Question に答える時は、理由や背景の説明が必要になってくるので、答える側が自然と饒舌になります。このようにシェアされる情報が増える、ということは会話の取っ掛かりとなる材料が大豊作になるので、質問する側にとっても大きなアドバンテージになります。

Closed-ended Question の例	Open-ended Question の例
Do you like it?	**Why do you like X?**
それ好きなの？	なんで X が好きなの？
Are you X?	**What do you think about X?**
あなたって X なの？	X についてどう思う？
Do you think X?	**How do you X?**
あなたは X だと思う？	X ってどうやるの？

基本の What , Why, How

　こうして例を見てみると、Open-ended Question には What（何を）、Why（なぜ）、How（どうやって）が使われていることにお気づきだと思います。これらの単語を使うとサクッと質問を Open-ended Question に変身させられるので、どんどん使っていきましょう！

会話ですぐ使える Open-ended Question

　What, Why, How はもちろんのこと、他の表現も駆使したシチュエーション別 Open-ended Question を押さえていきましょう。

Ask for elaboration：詳細を聞く

🔊 36

Can you tell me more about X?
X についてもっと詳しく教えてくれる？

Could you give me an example?
それって例えばどんな感じ？

Can you elaborate a little more on X?
X についてもう少し細かい説明を聞かせてもらえる？

I would like to know more about X. What do you do when Y?
X についてもう少し知りたいなあ。Y の時にはどうするの？

How does X work?
X ってどうやるの？ / X の仕組みは？

What does X mean?
Xってどういう意味なの？

What exactly does X involve?
Xってどんな道具とか工程が必要なの？

Ask for advice, opinion, and perspective：意見を聞く

How so? どうして？

How come? なんで？

What makes you say that? なんでそう思うの？

What do you think about it? あなたはそれについてどう思う？

What is your view on X? あなたはXについてどういう見方をしてる？

What is your opinion about X?
あなたのXについての意見が聞きたいな。

How does X look / sound / feel to you?
あなたにとって、Xはどんな風に見える / 聞こえる / 感じる？

What is your biggest challenge with X?
Xの一番難しいところは何だと思う？

What do you think is the best / worst part of X?
Xの一番良いところ / 悪いところは何だと思う？

What is your favorite thing about X?
Xについて一番好きなところは？

What do you like / dislike about X?

X について好きなこと / 嫌いなことは？

What is the most surprising factor about X?

X について一番意外なことって何？

What would you change about X?

X のどこを変えたいと思う？

How do you know / did you learn X?

あなたはどうやって X を身につけたの？

What do people struggle with the most when they start out X?

X を始める時、人が一番つまずきやすい点って何だと思う？

What would you do if X?

もし X という状況だったらどうする？

> ＊相手の興味の内容について、自由にカスタマイズしてみてください。
> 例えば映画好きさんと話しているなら、What kind of movie would you shoot if
> you had an unlimited budget?（もし予算が無限にあったら、どんな映画を撮りた
> い？）など。

趣味や熱中していることがある人に、特にオススメの質問

🔊 37

How did you get into X?

どういう経緯で X にハマったの？

What's the question nobody ever asks you but you wish they would?

（あなたの趣味などについて）誰も聞いてくれないけれど、誰か聞いてくれな
いかな〜と思うことは？

What do you think is the most underrated aspect of X?

X について一番見過ごされがちな魅力って何だと思う？

What kind of impact did X have on you?

X はあなたにどんな影響を与えたと思う？

How has your life changed after you took up X?

X を始めてから、あなたの人生ってどんな風に変わった？

What unexpected skills have you acquired while doing X?

X をする中で身についた意外なスキルは？

What are you working on right now?

今どんなこと（練習など）をしているの？

What's the newest skill you gained recently?

最近得た新しいスキルは何？

What is something that most people get wrong about X?

X についてよく勘違いされることは何？

Is there any goal you would like to achieve in X?

X で達成したい目標とかある？

What is your biggest accomplishment in X?

X で一番頑張ったことは何？

コツ #3　角が立たない反論、お断りテクニックを身につける

やんわり英語で世渡り上手に

コミュニケーションの中で意見の違いが出るのは自然なこと。でも、英

語の授業で叩き込まれたI disagree.（反対です）というツララのような単語を使えば、空気が氷河期並みに凍てつくに違いない…とヒヤヒヤしちゃいますよね。そんな時に使ってほしいのが、やんわり英語。波風を立てずに、うま〜い具合にこちらの意見を伝えるやんわり表現を押さえていきましょう。

角が立たないやんわり反論フレーズ

 角を立てずに、相手を立てる　🔊38

　穏便に反対意見を言うために覚えておきたいのが「まず一旦相手の意見を受け止める」ということ。受け入れなくてもよいのです、だた一旦「あなたはそう思うんだね」と受け止めてあげます。それからやっと自分の考えを伝えるステップに入っていくのですが、反論する時ってどうしてもYes, BUT ...（そうなんだね、でも…）と言いたくなっちゃうと思うのです。ここで「でも」と言いたいのをグッとこらえて、Yes. AND ...（そうなんだね。そして…）でつなげるのがオススメ。そうすると相手は自分の意見が真っ向から否定された気分にならないし、あなたも自分の思いを伝えることができるので、みんなハッピー！　そんなやんわり反論フレーズをチェックしていきましょう。

I really like your idea! It might be even better with a few additions like X.

あなたの案、すごくいいと思う！ X なんかを足したらもっとよくなるんじゃないかな？

I definitely see your point. And I think I am looking for something a little more X.

あなたの言うことは絶対一理あるわ。私が思っていたのは、どちらかと言うとX みたいな感じかな。

149

May I add something? I think the idea would be even better if we did X. What do you think?

ちょっと追加させてもらってもいい？ このアイデアは X をすればさらによくなると思うのだけれど、どうかな？

I absolutely get where you are coming from, so I definitely consider that as an option. I would also like to lay out all of the other options on the table.

あなたがそう思う理由はすごくわかるから、選択肢の 1 つとして絶対キープしておきたいよね。あと他の選択肢も一応すべて出し切っておきたいかな。

That is a fantastic plan. How do you think we can change X to make it even better?

それは最高のプランだと思うけれど、X について何を変えたら、もっとよくなると思う？

Thank you for sharing your ideas! Can I add a few things to your idea? It's just that your plan inspired me, and I think these additions could work.

アイデアをシェアしてくれてありがとう！ ちょっと他のアイデアも加えてみていいかな？ あなたのプランに触発されて、いいことを思いついたんだよね。多分いい感じに相互作用が働くと思う！

That's pretty good! What if we took X from your idea and combined it with Y to get optimal results? I really think it could work!

それいいね！ あなたの案の X っていう部分に Y を足して、さらに最強にしちゃうのはどうかな？ すごくいい感じになると思うんだけど。

That's an interesting idea, for sure! Would you be willing to work on that further and let me know about it tomorrow? I'm very excited to see how it will turn out.

なるほど、面白いアイデアだね！それをもう少し練ってみてもらって、明日また結果を教えてもらうことはできる？ どんな風に仕上がるか楽しみだよ！

I love how you thought of X! What if we did Z so that Y won't get in the way?

あなたの X についての視点、すごくいいところを突いてるね。もしかしたら Y が障害になるのを避けるために、代わりに Z をするっていう案はどうかな？

I love that X idea! Do you think you could reconsider to make it even more suitable for our current needs?

あなたの X っていう案、ナイスアイデアだね！ 今の私たちの状況にさらに合うように、再検討してみてもらえたりするかな？

You always have such exciting proposals, and I really appreciate it. I think I'm going to go with X, but I'll definitery keep your idea in mind. Thank you!

あなたっていつも斬新なアイデアを持っているよね。今回は X という選択をしてみることにしたけど、あなたのアイデアを覚えておくよ。ありがとね！

LET'S PRACTICE!

練習してみよう！

❶ p.149 〜 151 からあなたが使ってみたい「やんわり反論」フレーズ
を選び、あなたの過去の経験から、このフレーズがピッタリだった場
面を書き出してみましょう。

使ってみたいフレーズ：＿＿＿＿＿＿＿＿＿＿＿＿＿＿＿

＿＿＿＿＿＿＿＿＿＿＿＿＿＿＿＿＿＿＿＿＿＿＿＿＿＿＿＿

シチュエーション：＿＿＿＿＿＿＿＿＿＿＿＿＿＿＿＿＿

＿＿＿＿＿＿＿＿＿＿＿＿＿＿＿＿＿＿＿＿＿＿＿＿＿＿＿＿

❷ 一緒に暮らしているパートナーが新車を買おう！と提案してきました。
でも懐事情を考えるとあまり得策とは言えなさそう。そんな時…

You want to buy a new car? Well, that's not gonna happen.
（新しい車を買いたいって？ そんなん無理に決まってんじゃん）

と言いたいところをやんわり変換するとしたら…？

⇒ ＿＿＿＿＿＿＿＿＿＿＿＿＿＿＿＿＿＿＿＿＿＿＿

＿＿＿＿＿＿＿＿＿＿＿＿＿＿＿＿＿＿＿＿＿＿＿＿＿＿＿＿

EXAMPLE ANSWER → p.289

あなたの考えの経緯を知りたい! 教えてたもれ〜!なフレーズ

 理由に興味を持ってみる

相手の言っていることにまったく賛同できないと、Huh? That doesn't make any sense.（は? まるで意味不明なんだけど）って思っちゃうことだって正直あります。でもそれを言っちゃったら、相互理解からは遠のいてしまうばかりですよね。そんな時は真摯に「どういう経緯で相手がその考えに至ったのか」を聞いてみるのも手です。

ポイントは「私はあなたのことをわかりたいんだよ」という気持ちを強調しながら、お願いするということ。（「私を納得させるために立証せよ」みたいなスタンスは悲劇しか生まないので、絶対にやめておきましょうね。笑）

シンプルに Oh, why is that?（そうか、それは何でそう思うの?）という聞き方をしてもいいですし、意見が異なるということは考え方、つまり視点が違うということでもあるので「新しいものの見方を学べて嬉しい!」という気持ちを添えてみるのも◎。そんな歩み寄りフレーズを押さえていきましょう!

Would you be willing to walk me through your thought process? I would love to understand where you are coming from.

あなたの思考の流れがどんな感じだったのか教えてくれない? あなたの考えをちゃんと理解したいな、と思って。

153

I'm really curious to learn what made you think that way. Care to elaborate?

なぜそう思ったのか、是非理由が知りたいなあ。もう少し詳しく聞かせてもらえる？

Okay. I think I can kind of see why you think that way. Is it because of X?

なるほど。あなたがなんでそう考えるのか、なんとな〜くはイメージできるかも。それって X だから？

Wow, I'd never seen it in that frame of mind before, and I would love to hear your "why." Do you think you could indulge me?

うわー、そんな枠で見たことがなかったから、あなたの「理由」を是非聞いてみたいわ。私のワガママだけど、教えてくれない？

It's really refreshing to gain a new perspective like this. Thank you for sharing. I would also love to hear your thoughts on X.

こうやって新しい視点を得られるのはとても新鮮だよ、ありがとね。あと、あなたが X についてどう思うかも、是非聞いてみたいな。

Wow, I'd never thought of it that way. I'm really curious about why you think so! Would you enlighten me?

へえ！そんな風に考えたことがなかったよ。なんでそういう風に思うのか知りたいな〜。もしよければ教えてくれない？

What do you think is your biggest concern?

何を一番懸念している感じ？
　　＊こちらの案に反対された場合。

I see. What do you like / dislike about it?

そっか。それのどんなところが好き / 嫌いなの？
　　＊好き嫌いで意見が分かれた場合。

LET'S PRACTICE!

練習してみよう！

p.153 〜 154 からあなたが使ってみたい「歩み寄り」フレーズを選び、あなたの過去の経験から、このフレーズがピッタリだった場面を書き出してみましょう。

使ってみたいフレーズ：_____

_____

シチュエーション：_____

_____

EXAMPLE ANSWER → p.289

自信よわよわ訂正フレーズ

 指摘したいなら、自信よわよわで

🔊40

　真っ向から指摘されると、誰でも少し心がヒリヒリするもの。だから指摘する時は自分が100パーセント正しいとわかっていたとしても、ひたすらすっとぼけてみましょう。「あれれ？　それってXだと思ってたんだけど、私の勘違いだったかも！　テヘペロ」くらい自信よわよわで。might と could（〜かもしれない）という助動詞を使うと、あっという間に自信よわよわ文になるので、このワードも是非使ってみてくださいね。

I might be mistaken, but could it be X?

私の勘違いかもしれないんだけど、それってもしかして X のことかな？

Oh, I see! I could totally be wrong, but that might actually be X.

ああ、なるほど！ 私も盛大に間違っているかもしれないけど、それは X なんじゃないかな。

I think it might actually be X. But I could be wrong. Let me double-check!

それ X だったかもしれない。いや、でも間違ってるかも。もう1回チェックしてみるわ！

I might have given you the wrong information! I am sorry, it is actually X.

もしかして私が間違ったことを教えちゃったかも！ ごめんね、これ実は X なんだ。

Oh, that could be the case in situation X, and in this case, it is actually Y. But I appreciate you pointing that out!

あっ、X の場合は確かにそうかもしれないんだけど、今回の場合は Y なんだ。でもそれを思い出させてくれてありがとね！

Oh, I could definitely be wrong, but I thought it was X.

あっ、もしかして私の勘違いかもしれないけど、それって X じゃなかったっけ？

Oh, for some reason, I thought X was Y. Let me just make sure really quick.

あれ、なぜか X は Y だと思ってたわ。ちょっとチェックしてみるね。

Oh, that might be a bit different from my understanding. I thought it was X.

あれ、私が思ってたのとちょっと違うかも。それって X じゃなかったっけ？

Hmm. That's not exactly how I interpreted it. Do you want to look into it together?

ふむ。私の解釈とはちょっと違うっぽいな。一緒に調べてみようか？

Oh, I think it was X, but I'm often wrong about these things. You might want to double-check.

ああ、それは X じゃないかな。でも私、結構こういうのは勘違いが多いから、一応ダブルチェックした方がいいかも！

　＊ You might want to X. =「X した方がいいかも！」という意味。

LET'S PRACTICE!
練習してみよう！

❶ p.156 〜 157 からあなたが使ってみたい「自信よわよわ訂正」フレーズを選び、あなたの過去の経験から、このフレーズがピッタリだった場面を書き出してみましょう。

使ってみたいフレーズ：＿＿＿＿＿＿＿＿＿＿＿＿＿＿＿

＿＿＿＿＿＿＿＿＿＿＿＿＿＿＿＿＿＿＿＿＿＿＿＿＿＿＿

シチュエーション：＿＿＿＿＿＿＿＿＿＿＿＿＿＿＿＿＿

＿＿＿＿＿＿＿＿＿＿＿＿＿＿＿＿＿＿＿＿＿＿＿＿＿＿＿

❷ レストランで頼んだのと違うメニューが運ばれてきた！ そんな時…

You made a mistake with my order.
（あの、注文間違ってるんですけど）

と言いたいところを自信よわよわ変換したら…？

⇒ ＿＿＿＿＿＿＿＿＿＿＿＿＿＿＿＿＿＿＿＿＿＿＿＿

EXAMPLE ANSWER → p.289

157

ちょっと強めに反対したい、つよつよ反対フレーズ

　提案や訂正の域を出て「それは絶対にやめた方がいい!!」と反対したい、いや、反対しなければならない局面が人生にはありますよね。そんな時に使える最終兵器フレーズです。

It sounds like you want to X, and I'm not going to tell you what to do, but I strongly advise against that.

あなたは X がしたいんだよね。あれこれ指図するつもりはないけど、私は絶対にやめておいた方がいいんじゃないかと思うよ。

Of course, it is ultimately your decision, but I wouldn't do that if I were you.

もちろんこれは最終的にあなたの選択だけれど、私だったらそれはやらないと思う。

I don't want to step on your toes here, but I feel like it's my duty to share my honest opinion as your friend, and I really don't think that's the best option.

あなたの足を引っ張るつもりはないけれど、あなたの友人として正直な意見を伝えるのが私の務めだと思うから言うね。私にはそれが最良の選択だとは思えないんだよね。

I care about you too much to let you choose to do that.

私はあなたのことが大切だから、そんなことをさせるわけにはいかないよ。

I love you, and I will always be there for you, but I can't support that decision.

あなたのことは大切だし、もちろんいつも味方だけれど、その決断を支持することはできないな。

LET'S PRACTICE!

練習してみよう！

❶ p.158 からあなたが使ってみたい「つよつよ反対」フレーズを選び、あなたの過去の経験から、このフレーズがピッタリだった場面を書き出してみましょう。

使ってみたいフレーズ：＿＿＿＿＿＿＿＿＿＿＿

＿＿＿＿＿＿＿＿＿＿＿＿＿＿＿＿＿＿＿＿＿＿

シチュエーション：＿＿＿＿＿＿＿＿＿＿＿＿＿

＿＿＿＿＿＿＿＿＿＿＿＿＿＿＿＿＿＿＿＿＿＿

❷ あなたの友達が金欠だと言いつつ散財しまくっています。その上なんと高額バッグを買うと言い出したので、なんとか止めたい！ そんな時…

You are spending too much money this month.
（今月お金使いすぎだって）

と言いたいところを変換するとしたら…？

⇒ ＿＿＿＿＿＿＿＿＿＿＿＿＿＿＿＿＿＿＿＿＿

＿＿＿＿＿＿＿＿＿＿＿＿＿＿＿＿＿＿＿＿＿＿

EXAMPLE ANSWER → p.290

159

意見の相違を伝える以外でも角を立てたくないシチュエーションってたくさんありますよね。例えばお誘いごと。断りづらくてついつい「イエス」と返事して大後悔しちゃったことのある方も多いのではないでしょうか。そんな時にサラッと断るためのフレーズを懐に忍ばせておき、時が来たら印籠よろしく掲げちゃってください。

サクッと断るシンプルフレーズ

🔊 42

I can't come today, but I will be looking forward to the next opportunity. Thanks for asking!
今日は行けないけど、次の機会を楽しみにしているね。聞いてくれてありがとう！

I will have to sit this one out. Thank you, though!
今回はパスしておくね。でも、ありがとう！

I think I'll pass, but next time for sure!
あ〜、今回はやめておこうかな。でも次は絶対行きたい！

Aw man! I wish I could go, but I already have plans!
うわー、めちゃくちゃ行きたいけど、もう予定があるんだ！
　　＊ Aw, man! はアメリカ人がよく使う「残念そうな感じ」を醸し出せる、かなりくだけた表現です。

Darn, I can't today. I wish there were two of me!
あーあ、今日はダメなんだよね。自分が2人いたらよかったのに！

I really want to, but also, I really shouldn't today.
ううう、行きたいんだけど、今日は行かない方がよさそう。

I'm totally broke right now. Can I join you after next payday?
今、金欠なんだよね。お給料入ったらまた行こ〜！

Boundary（バウンダリー）を守ってくれるお断りフレーズ

「今日は疲れてるからパスしたいなあ」って時、断る理由を探すのにちょっとドギマギしちゃいませんか？（仮病を使おうか、法事を使おうか…いやでもこの前法事は使ったし、今日めちゃくちゃ元気なところを見せちゃったから仮病はあきらかにウソくさいし…なんて頭の中でグルグル考えてしまったことがあるのは、私だけじゃないと思います）

でも本当は「今日は家でゆっくり過ごしたいんだ」って言いたいし、言っていいはず。

こんな風に「自分にとってコレは OK で、コレは NG」という、価値観や自分のスペースを把握しておくこと、そしてそれを時に他の人にお知らせすることを英語では "Set Boundaries" という呼び方をします。（boundary（ies）は日本語で「境界線」という意味）

I'm sorry, but I can't because I have to take care of my grandmother.
おばあちゃんの看病をしなきゃいけないから、行けないんだ。ごめんね。

なんてもっともらしい理由をつけて、しおらしい態度でペコペコしなくたっていいと思います。でも、だからといって相手の気持ちや好意を雑に扱いたいわけではないじゃないですか。だから sorry の代わりに thank you を使ったり、ただ断るだけではなく、何なら OK なのか、どこまでならできるのか（例えば次回は参加できるよ、とか、〜だったら参加したいな、とか）を伝えるのも手です。

＊ フレーズの中に commitments（やらなければいけないこと）や priorities（優先事項）というワードも登場しますが、これらには仕事や勉強、家事などだけではなく、「家族との時間」「自分のために過ごす時間」なども含まれます。

161

That sounds really fun! But I have other commitments. Thanks for asking, though!

わー、楽しそうだね！ でもすでに他のことをやるって決めてあるんだよね。誘ってくれてありがとね！

I would love to come, but I've got too much on my plate right now, and I think it's best to relax at home today. I really appreciate you asking me, though.

行きたいんだけど、ちょっと今色々といっぱいいっぱいだから、今日は家でゆっくりするのがベストかなと思って。でも誘ってくれてすごく嬉しかった、ありがとう。

I would love to join you, but I'm feeling a little overwhelmed with work right now. Can I take a rain check on that?

参加したい気持ちは山々なんだけど、ちょっと今仕事に追われてて余裕がないんだよね。また次の機会に誘ってくれる？

* take a rain check ＝「また次の機会に！」という意味のイディオム。

It's really lovely to be invited, thank you! But I have other priorities today. Hopefully, we will get to hang out soon!

誘ってもらえてすごく嬉しいんだけど、今日は他の優先事項があるんだよね。是非またの機会に一緒に遊べるといいな！

Thank you so much for thinking of me, but unfortunately, I'm not available today. Can you keep me in mind for next time?

誘ってくれてありがとう！ 残念ながら今日は行けないんだけど、次また何かあったら是非誘ってくれる？

I really appreciate your confidence in me. Unfortunately, I am not able to commit to that project at this time. Thank you for thinking of me.

信頼してもらえてすごく嬉しい！ ただ今回はそれを引き受けることは難しそう。私を推薦してくれてありがとう！

代替え案を提示しながらのお断りフレーズ

I'm afraid that I can't do X, but I can do Y for you.
X はできないけど、Y ならできると思うよ。

Thank you for thinking of me, but I'm trying to limit my commitments right now. I'm more than happy to help you with X, though!
私のことを思い浮かべてくれてありがとう。ただ今はちょっと自分のキャパをオーバーしないように気をつけてるんだよね。でも X なら喜んで手伝うよ！

Unfortunately, I have too much to do right now. I can help you another time though!
ちょっと今忙しくて難しそう。でもまた機会があれば手伝うよ。

I am so flattered that you thought of me for this, but unfortunately, now isn't the best time for me. Can I let you know if / when my schedule frees up?
声を掛けてもらえてすごく光栄なんだけど、残念ながらタイミングがちょっと悪くてさ…。スケジュールが空いたら連絡させてもらってもいいかな？

Thank you! I've actually had the privilege to work on a similar project before, so let's give someone else a chance to try.
ありがとう！ 実は以前にも似たようなプロジェクトに参加させてもらったことがあるから、今回は他の人にトライするチャンスをあげることにしない？

Wow, thanks for the offer! I don't think it's a good idea to take on the project right now, but I can help you with X.
わあ、声を掛けてくれてありがとう！ そのプロジェクトを受けるのは、今はちょっと自分にとってベストではないんだけど、X なら手伝えるよ。

Thank you for asking me. This task isn't exactly what I am looking for at this moment. I would love to work on X, though.

声を掛けてくれてありがとう。このタスクは今私が探しているものではなさそうかな。Xについてなら喜んで引き受けるけど。

> * project（プロジェクト）や task（タスク）という単語が登場するフレーズはビジネスシーンをイメージしがちですが、例えば飲み会の幹事をやってほしい！とか趣味のスキルを貸してほしいなどの日常シーンでも十分使えます。

LET'S PRACTICE!
練習してみよう！

p.160 ～ 164 からあなたが使ってみたい「お断り」フレーズを選び、あなたの過去の経験から、このフレーズがピッタリだった場面を書き出してみましょう。

使ってみたいフレーズ：＿＿＿＿＿＿＿＿＿＿＿＿＿＿＿＿＿＿

＿＿＿＿＿＿＿＿＿＿＿＿＿＿＿＿＿＿＿＿＿＿＿＿＿＿＿＿＿＿

シチュエーション：＿＿＿＿＿＿＿＿＿＿＿＿＿＿＿＿＿＿＿＿＿

＿＿＿＿＿＿＿＿＿＿＿＿＿＿＿＿＿＿＿＿＿＿＿＿＿＿＿＿＿＿

EXAMPLE ANSWER → p.290

親しい間柄オンリー：茶目っ気たっぷりお断りジョークフレーズ

🔊 44

　冗談が通じる相手との軽い雰囲気の会話で、ちょっと笑いを取りにいきたい時に使ってみてください！

Oh, I wish I could, but I don't want to.

わー残念、全然行きたくないわ。

> ＊ドラマ『フレンズ』の有名なこのセリフ、言ったあとは Just kidding! I would love to come!（なんてね！ 冗談だよ、行く行く！）という流れで返答して、ボケとして使う手もアリ！

Ooh, that sounds nice! But I already made plans with my cats.

あー、楽しそうだけど、ウチの猫と約束してるから行けないわ。

Yeah, I'm pretty busy tonight watching Netflix.

うん、今晩は Netflix 見るので忙しいや。

That sounds like fun, but I am going to be extremely busy not doing that.

楽しそうだね！ でも暇でいっぱいいっぱいだから無理かな。

I would love to say "yes," but my dog told me to say "no."

イエスと言いたいところだけど、うちのイヌがノーと言えと申してるんで。

Sorry, I don't do that on days that end in Y.

Y で終わる曜日は、それやらないって決めてるんだ。

> ＊毎日じゃん！というツッコミが飛んでくるはずです！

Sorry, I can't. I have to walk my unicorn.

ごめん、今回は無理そう！ うちのユニコーンを散歩させなきゃいけないんだよね。

I wish I could, but I'm trying to see how long I can go without saying "yes."

行きたい気持ちは山々なんだけど、今「イエス断ち」してるところなんだ。

Aw, I wish I could go. Maybe in the next lifetime!

ああ、行けたらよかったのに。来世では行きたいな！

Ask me again in a few years.

数年後にまた聞いてくれる？

I'm way too smart to say "yes" to that.

私、それに参加するほどおバカじゃないよ！

＊友達がとってもおバカなこと、無茶なことを計画している時などに言うと笑いを取れるでしょう！

I'd rather be dead.

死んだ方がマシ！

I'd rather sell my kidney.

腎臓を売った方がマシ！

Only if you give me a million bucks!

100万ドルくれたらいいよ！

My advisors have come to a unanimous decision, and it's, unfortunately, a No.

私の顧問と満場一致で議決しました。残念ながらノーとなっております。

In this world, there are countless cool things to do. Unfortunately, your idea does not fall into such category.

この世には面白い遊びがいっぱいあるけど、残念ながら今回のお誘いの内容はそのカテゴリーには分類されないね。

The voices in my head are asking me to say "no" to this one.

脳内の声たちが「これは断れ…」って囁いてるんだよね。

Sweetie, you can't afford me.

あなたみたいなお子ちゃまにアタクシの相手なんてできなくってよ。

    * sweetie は自分よりかなり年下の相手（子どもなど）に対して使います。あえてこの表現を使うことで高飛車感が出ます。また afford には「（金額的に）手が届く」という意味があるので、直訳すると「（私はセレブ感覚なので）あなたには私と遊ぶお金はないと思うよ」という意味です。

That's such a funny joke! HAHAHA!

その冗談めちゃくちゃウケるわ！ あはははは！（棒読み）

Do you know what season it is? It's the season of NO!

今、何の季節か知ってる？ ノーの季節だよ！

That sounds like effort, so no.

それなんか疲れそう。だからノー。

Does it involve me moving from where I am right now? If the answer is yes, then I would have to say no.

それって私が今いる場所から動かなきゃいけない？ もしそうなら、断らざるを得ないかな。

Does it involve me having to wear pants? If the answer is yes, then I would have to say no.

それってちゃんとした服に着替えなきゃいけないような内容？ もしそうなら、断らざるを得ないかな。

    * wear pants ＝パジャマやスウェットなどのリラックスウェアではなく、外出用の服を指しています。

You should know my answer by the look on my face.

多分私の答えは顔に書いてあると思う。

My apologies, but my schedule is packed with just chilling at home.
ごめん、家でゴロゴロするので忙しいんだわ…。

Please email your concern to *idontcare.com*, and I'll send you my decision in a hundred years.
お困りの件を「どうでもいいわ.com」までEメールにてお寄せください。
100年後にご回答いたします。

There's a hundred percent chance that I'm going to say "no" to this one.
この件に私がノーと言う可能性は100パーセント。

Unfortunately, we don't share the same sentiments.
残念ながら、私たちの思いは通じなかったようですね…。
　　* share the same sentiments は少し堅い表現ですが、あえてかしこまることで笑い
　　を取る戦法です。

Umm, my mom said no.
うーーーん、おかあさんがだめだって…。
　　*子どもっぽく言ってみましょう。

On a scale of maybe to absolutely, I would say — absolutely not!
多分～絶対のレベルで言ったら絶対なし!! かな。

My future self says no!
未来の自分がノーって言ってる！

It's that time of the year when I usually always say no.
ふだんいつでもノーと言う季節がやってきたようだぜ…。

Regrettably, I'm a no-man!
申し訳ないけど、私「ノーマン」なんだよね！（何でも受け入れちゃうイエス
マンの逆）

My parents would disown me if I did that.

もしそれに参加したら両親に勘当されちゃうから（無理かな）。

My instincts are telling me that I'm not suitable for this.

私の直感が、これは私には合わない！って言ってる。

I'm going to have to flex my "no" muscle on this one.

私の No 力（ノーリョク）を見せびらかす時が来た…！

Life is too short to do things that you don't love.

人生は自分が大好きなこと以外をやるには短すぎるよね…。

My word of the year is "rest," so I really can't fit another thing in.

私の今年のテーマは「休息」だから、それ以外のことをやる余裕が本当にないんだよね。

The shop is closed! Come back again tomorrow.

本日は閉店しました！ また明日のお越しをお待ちしております。

It's not that I'm too good to do what you want. It's just that it's too bad for me to do.

お高くとまってるわけではないんだけど、それに参加するのは私にとってはあまり得策ではないようですね。

Saying "yes" would surely cause the slow, withering death of the soul.

もし「イエス」と返事してしまったら、多分ゆっくりと魂が死に絶えていくと思う…。

LET'S PRACTICE!

練習してみよう！

p.165 〜 169 からあなたが使ってみたい「お断りジョーク」フレーズを選び、あなたの過去の経験からこのフレーズがピッタリだった場面を書き出してみましょう。

使ってみたいフレーズ： _____

_____

シチュエーション： _____

_____

EXAMPLE ANSWER → p.290

コツ#4　発想の転換テクニックを身につける

「わ〜。そうきたか！」とか「そんな風に考えたことなかった！」と、周りを沸かせるような鋭い切り返しがスパっと出てくる人って憧れますよね。私もいつかそういう人になりたくて、どうしたら返し上手さんに近づけるかな？と悶々と考えあぐね、行き着いた結果が「発想転換の練習」でした。

発想の転換とは

つまり、色々な角度から物事を観察するということ。これをすることによって返す切り口が増えるので、様々なアングルから会話を広げることができるようになります。

例えば、相手がバナナの話をしていたとします。バナナにまつわる内容で返そうとすると手札が限られてしまって、困っちゃうかもしれない。そこでバナナを違うアングルで見るとどうでしょう？ 「果物」「食べ物」「黄色い」「細長い」「南国産」「３文字」「カタカナ語」「柔らかい」など、使えるネタが増えますよね。

　こんな風に発想を転換するには「自問してみる」という練習がオススメ。どんな質問を投げかけるか？ というと、次のようなものです。

1. In other words?　別の言葉で言うと？
2. What does it mean?　それってどういう意味？
3. It's like ...?　例えるなら？

　１と２は物事の違う側面を発見するのを促してくれるし、３は共通点のある他の物に例えることによって、より理解をクリアにしてくれます。

In other words? ── それって別の言葉で言うと？

　皆さんは仕事の面接などで自分の短所を無理やり長所としてアピールした経験はありませんか？ 本当は短気なのだけれど、それを「意思決定の速さに定評があります」って言ってみたり、優柔不断さを「慎重に物事を進めるので、ミスが少ないです」と言ってみたり。これって決して嘘をついているわけではないですよね。ただ単にパッケージングが違うだけで「物は言いよう」の典型です。発想の転換も同じで、パッケージングを変えたらどんな風に言えるか？ という角度から観察していきます。

　例えば次のリストを見てください。

pushy ↔ enthusiastic　強引な ↔ 熱心な

rigid ↔ systematic　硬い ↔ 系統的な

controlling ↔ orderly 　支配的な ↔ 整然としている

stubborn ↔ committed 　頑固な ↔ 一途な

judgmental ↔ realistic 　批判的な ↔ 現実的な

uptight ↔ grounded 　堅苦しい ↔ 地に足がついている

boring ↔ consistent 　つまらない ↔ 一貫している

flaky ↔ flexible 　気まぐれな ↔ 柔軟性がある

scattered ↔ multitasking 　散漫な ↔ マルチタスキングしている

obnoxious ↔ adventurous 　うるさい ↔ 何かと面白い

dramatic ↔ charismatic 　感情的な ↔ カリスマ的な

manipulative ↔ strategic 　計算高い ↔ 戦略的な

bossy ↔ confident 　威張っている ↔ 自信に満ちた

overemotional ↔ compassionate 　感情的な ↔ 思いやりがある

naive ↔ trusting 　うぶな ↔ 他人を信用する

soft ↔ considerate 　なよなよしている ↔ 思いやりがある

nosy ↔ attentive 　おせっかいな ↔ 気配り上手な

nosy ↔ inquisitive 　おせっかいな ↔ 好奇心旺盛な

weird ↔ unique 　変わった ↔ ユニークな

stubborn ↔ intentional　頑固な ↔ 意志的な

unfeeling ↔ level-headed　冷淡な ↔ 冷静な

restless ↔ energetic　落ち着きがない ↔ エネルギッシュな

intrusive ↔ eager　押しつけがましい ↔ 熱心な

stubborn ↔ persistent　頑固な ↔ 粘り強い

indecisive ↔ deliberate　優柔不断な ↔ 慎重な

serious ↔ goal-oriented　真面目な ↔ 目標を持っている

opinionated ↔ having a strong belief　独断的な ↔ 強い信念がある

predictable ↔ following a routine　ありきたりな ↔ ルーティンに従う

old ↔ traditional　古い ↔ 伝統的な

self-centered ↔ assertive / independent
　自己中心的な ↔ 主張がある / 自立している

impulsive ↔ spontaneous　衝動的な ↔ 自発的な

cool ↔ self-controlled　クールな ↔ 自制心がある

quiet ↔ observant / deliberate　静かな ↔ 観察力がある / 計画的な

　このように、物事は In other words? という違うアングルで見てみると表現も変わってきます。

「発想の転換」を助ける魔法のフレーズ

　さらに具体的に発想の転換を助けてくれるテンプレートを見ていきましょう。

■ **魔法のフレーズその1：**
It's an opportunity to _____.（_____ するチャンスだ）

　例えば、誰かが I am so tired.（疲れた〜）と言ったとしましょう。これって、言い換えるとどんな opportunity（チャンス）なのでしょうか？ 思いつく限り書き出してみてください。

I am so tired.
→ It's an opportunity to _____
→ It's an opportunity to _____
→ It's an opportunity to _____

┌─ 回答例 ─────────────────────────────
│ I am so tired.
│ → It's an opportunity to get some rest.　休むチャンスだ。
│ → It's an opportunity to slow down.　スピードを落とすチャンスだ。
│ → It's an opportunity to ask for help.　誰かに助けを求めるチャンスだ。
└──────────────────────────────────

■ **魔法のフレーズその2：**
It might be a sign that _____.（ _____ だというサインなのかも）

　では次に、やはり I am so tired.（疲れた〜）の場合、これは何の sign（サイン）と言い換えられるでしょうか？ 思いつく限り書き出してみてください。

I am so tired.

→ It might be a sign that _____

→ It might be a sign that _____

→ It might be a sign that _____

回答例

I am so tired.

→ It might be a sign that I am overworked.　働きすぎの証拠かも。

→ It might be a sign that I worked hard.　頑張ったことの表れかも。

→ It might be a sign that I need some rest and food.
休息と食べ物が必要な証拠かな。

　このように、一口に tired といっても色々な捉え方ができますよね。ここで注意してほしいのは「見る角度を変える」というのは「ネガティブを無理矢理ポジティブに変換するための作業ではない」ということ。結果的にネガティブがポジティブに転換されることもありますが、もちろん逆だって起こり得ます。だって物事はいつだって多面的じゃないですか。そしてより多くの面を捉えられるほど、その対象について理解度が上がる、理解度が上がれば言えることが増える。つまり「返し」の選択肢が増える。だからネガティブでもポジティブでも何でもいいのです。とにかくまずはいろんな角度から見てみるという点に集中してみてください。

発想の転換例

45

I am really excited to go see my friend tomorrow.

明日、友達に会いに行くの、すごく楽しみ。

発想を転換

➤ **It's an opportunity to** catch up with her and strengthen our connection.

彼女の近況を聞いて、私たちのつながりを強めるチャンスだ。

➤ **It might be a sign that** I am craving social connection.

自分が社会的なつながりを渇望している証拠なのかな。

I am taking an exam next week. I feel so nervous and stressed out.

来週、試験を受ける予定だから緊張とストレスでヤバい。

発想を転換

➤ **It's an opportunity to** go over the material once again.

もう一度復習するチャンスだ。

➤ **It might be a sign that** I care a lot about this exam, and I want to meet my own expectation of doing well.

この試験は自分にとって重要だから、うまくやりたいし、自分自身の期待に応えたいという気持ちの表れなのかも。

I am trying really hard to improve my English skills, but it's so hard. I feel so frustrated.

英語力を伸ばそうとすごく頑張っているけれど、とても難しい。フラストレーションがたまってきている。

発想を転換

➤ **It's an opportunity to** recalibrate my approach to learning.

学習方法を見直すチャンスだ。

➤ **It might be a sign that** I need external validation to feel the progress.

外部からの評価をもらって、進歩を実感したいというサインかも。

176

It sucks to have to stay at home. I really miss traveling.

家にいなければならないなんて最悪だよ。旅行したいな。

発想を転換

→ **It's an opportunity to** get creative in order to fulfill my curiosity.

自分の好奇心を満たすために、工夫するチャンスだ。

→ **It might be a sign that** it's important to me to have new experiences and see different cultures.

自分にとって新しい経験をしたり、異文化を見ることが大切なんだという証拠かな。

I binge-watched really funny YouTube videos.

YouTube のオモシロ動画を一気見した。

発想を転換

→ **It's an opportunity to** appreciate good content and share it with others.

よいコンテンツを楽しんで、他の人にも教えてあげるチャンスだ。

→ **It might be a sign that** I am lacking this kind of experience in real life, so I turn to YouTube.

もしかしたら実生活で笑いが不足しているから、YouTube に頼っているのかも。

I had a fight with my partner. I am still angry at him / her.

パートナーとけんかした。相手にはまだ怒っている。

発想を転換

→ **It's an opportunity to** understand our differences in values.

価値観の違いを理解するチャンスだ。

It might be a sign that X is really important to me.

自分にとって X が本当に大切なしるしなのかも。

LET'S PRACTICE!

練習してみよう！

最近あなたの感情が動いた出来事を書き出してみてください。それから In other words, 〜 / It's an opportunity to 〜 / It might be a sign that 〜 のフィルターで見て観察してみましょう。

シチュエーション： _____

In other words, _____

_____

It's an opportunity to _____

_____

It might be a sign that _____

_____

EXAMPLE ANSWER → p.290

コツ #5　婉曲表現や比喩表現も ストックしておく

What does it mean?
それってどういう意味？

　婉曲表現を使えば会話を柔らかい印象にしたり、時にはネガティブな内容をスマートに表現することだってできます。例えば I fell on my butt. と I fell on my rear-end. という表現だと、後者の方がスマート感が増すと思いませんか!?（意味はどちらも「私はしりもちをついた」）

　このように気まずかったり、ちょっと言いづらい内容をソフトに伝えたい時に（もちろん、おしりの話題以外でも）大活躍してくれる婉曲表現（英語では "euphemisms" と呼びます）をストックしておけば、スムーズな返し上手になれるかもしれません。

会話をソフトにしてくれる婉曲表現

　ちょっとした時に使えそうな基本の婉曲表現をチェックしていきましょう！

bad / poor の代わりに使える婉曲表現

🔊 46

leave a lot to be desired　不満が残る

They made a new corporate policy, but it still leaves a lot to be desired.

会社が新しい方針を打ち出したけれど、まだまだ課題点は山積みだな〜。

179

questionable　疑問が残る / よくない

I made many questionable decisions when I was younger, but I'm glad to have made those mistakes because I learned a lot from them.

若い頃はずいぶんアホな選択をしたけれど、その失敗から多くを学んだし、後悔はしていないかな。

less-than-ideal　理想的でない

We were camping and got rained on. We then realized that we forgot to pack a rainfly. It was a less-than-ideal situation.

キャンプに行ったら、雨に降られた挙句、雨避けカバーを持っていくのを忘れたことに気づいたんだよね。まあまあ最悪だったよね。

room for improvement　改善の余地（がある）

I watched a recording of my piano recital, and I see that there's room for improvement for sure.

自分のピアノの発表会の動画を見て、もっと練習しなきゃ！と思った。

up to scratch　基準を満たしていない

Your report was not up to scratch. I think you can do so much better!

あなたのレポート、最高の出来ではなかったね。もっと頑張れるんじゃない？

lie（嘘）の代わりに使える婉曲表現

be economical with the truth　真実を隠す

I didn't lie. I was just being economical with the truth.

嘘はついてないよ。私はただ、真実を控えめに言っただけ。

truth-challenged　本当のことが言えない

Oh yeah, he is one of those "truth-challenged" people. You should take his story with a grain of salt.

そうそう、彼は本当のことが言えない病にかかっているから、彼の話は話半分に聞いておいた方がいいよ。

性格に関する婉曲表現

stupid　おバカさん

→ **He's not the sharpest pencil in the box.**

彼は一番尖った鉛筆ではない。（＝頭が切れるわけではない）

→ **She's not the brightest bulb.**

彼女は一番明るい電球ではない。（＝聡明ではない）

have a temper　短気である

→ **He has a short fuse.**　彼はすごく短気だ。

He's cold.　彼は冷たい。

→ **He's morally challenged.**　彼はモラルがちょっと欠如している。

He's full of himself.　彼はナルシストだ。

→ **He's a bit of a "visionary."**　彼は夢想家だ。

＊ visionary は「ビジョンのある人」のことも指します。スティーブ・ジョブズ氏など時代を変えるような大きなアイデアを持った人に対して使われます。

She's reckless.　彼女は向こうみずだ。

→ **She's ambitious.**　彼女は野心家だ。

体に関する婉曲表現

butt → **rear end**　おしり

underwear → **unmentionables**　下着

fart → **break wind**　おならをする

menstruation → **time of the month**　生理

vomit → **toss one's cookies**　嘔吐する

cry → **eyes are leaking**　泣く

pregnant → **having a bun in the oven**　妊娠している

wrinkles → **laugh lines**　シワ

fat → **well-fed / big-boned / curvy / full-figured**　肥満の

short → **petite / vertically-challenged**　低身長の

bald → **follically-challenged**　薄毛の

good-looking / very smart → **won the genetic lottery**
　　　　　　　　　　　　　　　容姿端麗な / 頭脳明晰な

〜 with a disability → **differently abled**　障害のある

deaf → **hearing-impaired**　聴覚障害のある

blind → **visually-impaired**　目の不自由な

状態に関する婉曲表現

◀)) 47

It's not old, it's seasoned.

古いんじゃないのよ、年季が入ってるの。

She's not old, she is experienced.

彼女は年老いているんじゃなくて、経験豊富ってこと。

She's not an elderly person, she's in her golden years.

彼女はお年寄りじゃなくて、今黄金期にいるんだよ。

It's not a tiny cramped apartment; it's cozy.

小さくて窮屈なアパート…じゃなくて、居心地がいい場所なのよ。

It's not a used car, it's a pre-owned / secondhand / pre-enjoyed car.

中古車ではなくて、前にオーナーがいた / おさがりの / 愛された車なのよ。

I am not in debt; I just have negative cash flow.

借金しているのではなくて、ただキャッシュフローがマイナスなだけだよ。

仕事に関する婉曲表現

fired　クビになる

→ The company is downsizing.　事業縮小するんだって。

→ I was let go.　雇用を解消されたよ。

→ I took early retirement.　早期退職したんだ。

→ My position was eliminated.　自分の役職が無くなったんだ。

quit　辞める

→ I left the company.　会社を去ることにしたんだ。

→ I am pursuing other opportunities.　他の機会を探してるんだ。

→ I am considering options right now.
今自分のオプションを吟味してるとこ。

→ I am transitioning my career.　今キャリアの移行中なんだ。

unemployed　離職した / ニート期の

→ I am in between jobs.　今は仕事と仕事の間だよ。

→ I am embarking on a journey of self-discovery.
今自分探しの旅をしてるとこ。

対人関係で使える婉曲表現

🔊 48

We broke up.　私たちは別れた。

→ **We went our separate ways.**　私たちは別々の道を歩むことにした。

We don't get along.　私たちは仲が悪い。

→ **We share different values.**　私たちは価値観が違う。

I don't like her.　私は彼女が嫌い。

→ **She has a different wavelength from mine.**
彼女とは波長が異なるかな。

They got a divorce.　彼らは離婚した。

→ **They consciously uncoupled.**　彼らは自主的に夫婦関係を解消した。

お金に関する婉曲表現

He's cheap.　彼はケチだ。

→ **He's economical.**　彼は経済的だ。

They are over-spenders.　彼らは浪費家だ。

→ **They are experiencing lifestyle inflation.**
彼らには今ライフスタイルのインフレが起きている。

impulse buy　衝動買い

→ **It's an investment.**　これは自己投資です。

poor　貧乏な

→ **underprivileged / economically-disadvantaged / financially-challenged**　恵まれない / 経済的に不利な / 経済的に困難な

→ **There are community outreach programs for underprivileged children in my city.**
私が住んでいる市には恵まれない子どもたちのための地域貢献プログラムがあります。

rich　お金持ちの

→ **financially-privileged / well-off / comfortable**
経済的に恵まれている / 裕福な / 居心地がよい

→ **I didn't come from a financially-privileged household.**
私は経済的に恵まれた家庭の出身ではありません。

死に関する婉曲表現

die　死ぬ

→ **pass away / pass on**　亡くなる

→ **pass over to the other side**　向こう側へ逝く

→ **dearly departed**　惜しまれつつ（この世を）去った

→ **no longer with us**　もう私たちの元にはいない

→ **rest in peace**　安らかに眠る

→ **kicked the bucket**　亡くなった

　＊カジュアルな言い方なので、誰かを偲ぶ場面やお悔やみの言葉では使いません。「うちのバーチャンが10年前にポックリ逝ってさあー」くらいのテンションの表現なので注意してください。

→ **meet one's maker**　創造主＝神様に会う（亡くなる）

　＊他の言い方に比べると、あまり聞かない言い方です。この表現、何かビックリしたことがあった時に「（驚きすぎて）死ぬかと思った！」という意味で I thought I was gonna finally meet my maker. のようにも使い、こちらの方がよく耳にするかもしれません。

→ **put X to sleep**　X を眠らせた

　＊ペットを安楽死させた時にのみ使います。

→ **went over the rainbow bridge**　虹の橋を渡った

　＊ペットが亡くなった時にのみ使います。

ニュースや新聞で見かける婉曲表現

environmental activist → **tree huggers**
環境活動家 → 木をハグする人

arrest someone → **take someone into custody**
逮捕する → 身柄を拘束する

torture → **enhanced interrogation methods**
拷問 → 強化された尋問方法

illegal immigrant → **undocumented person**
不法移民 → 非正規滞在者

suspect → **person of interest**
被疑者 → 重要参考人

prison / jail → **correctional facility**
刑務所 / 拘置所 → 矯正施設

terrorism → **violent extremism**
テロリズム → 暴力主義

slum → **economically-depressed neighborhood**
　　　/ culturally-deprived environment
スラム → 経済的に低迷した地域 / 文化的に恵まれない環境

strip club → **gentleman's club**
ストリップクラブ → 男性用クラブ

adult content → **explicit content / graphic content**
アダルトコンテンツ → 露骨なコンテンツ

LET'S PRACTICE!
練習してみよう！

p.179 ～ 187 の婉曲表現のリストから、あなたが「ほぉ～！ 上手いこと言ってるな～」と感心した表現を選び、それらが使えるシチュエーション（架空でも現実にあったことでも、どちらでも OK）を思い浮かべて、例文を作ってみましょう。

フレーズ： _____

_____

シチュエーション： _____

_____

例文： _____

_____

EXAMPLE ANSWER → p.290

例え（比喩・慣用句・ことわざなど）
も使いこなす

It's like ...? ― それって例えると？

次は「話の内容と他の物事の間に共通点を探す」という練習をしていきます。こう書くととても難しく聞こえるかもしれませんが、要は「例え話」を使うということです（「最初からそう言って」というコメントは受け付けておりません！）。

例え話には色々な種類がありますが、私たちが一番よく使っているのは

比喩や慣用句ではないかと思います。例えば「太陽のように明るい人」などは比喩ですし、as clear as crystal（クリスタルのようにクリアな＝とても明瞭な）とか I'm over the moon!（月を飛び越えた＝すごく嬉しい！）は比喩を使った慣用句ですよね。Rome wasn't built in a day.（ローマは１日にしてならず）のような「ことわざ」なんかも、私たちが日常会話でよく使う「例え」の一種です。

　こういった例えを相手の話の内容に合わせて「そうかそうか、それって［比喩］みたいだね！」とか「まさに［ことわざ］のようだね」とサッと言えると自分の中でもストンと腹落ちするし、相手からも「そうそう、それよ。私が言いたかったことは！！」とスッキリしてもらえるので、返し上手としてのレベル上げにピッタリです。

　では早速、英語でよく使われている「例え」を見ていきましょう！

感情にまつわる慣用句

■)) 49

His words **cut deeper than a knife**.
彼の言葉はナイフより深く突き刺さる。

I feel the **stench of failure** coming on.　挫折のにおいがする。

I'm **drowning in a sea of grief**.　悲しみの海に溺れそうだ。

I'm **feeling blue**.　気分がブルーになる。

She's **going through a rollercoaster of emotions**.
彼女は感情のジェットコースターを味わっている。

He really **flared up my temper**.
彼は本当に私の怒りを爆発させた。

CHAPTER 04　返し上手になる

189

行動にまつわる慣用句

I think he's about to fade off to sleep.
彼はそろそろ眠りにつく頃だと思います。

She was fishing for compliments.
彼女はほめ言葉を引き出そうとしていた。

I slept like a brick last night.
昨夜はレンガのように眠った。（＝爆睡した）

I am so hungry I could eat a horse.
馬を食べられるほどお腹が空いている。

ロマンスにまつわる慣用句

She broke my heart.　彼女は私の心を傷つけた。

You light up my life.　あなたは私の人生を明るく照らしてくれる。

She fell for him hard.　彼女は彼にめちゃくちゃ惚れ込んでいる。

They reek of infidelity.　彼らからは不倫の香りがプンプンする。

人の特徴にまつわる慣用句

◀)) 50

I wish I weren't always such a chicken!
私、こんなにチキン（＝腰抜け）じゃなきゃよかったのに！

190

He is a total couch potato.　彼はまったくのカウチポテト（＝怠け者）だ。

She is the star of our family.　彼女は我が家のスターだ。

The kids in our school are all brains.
うちの学校の生徒はみんな頭脳派だ。

Our teacher is a walking encyclopedia.
私たちの先生は歩く辞典（＝とても物知り）だ。
　　＊ walking X は色々なアレンジが可能です。例えば She's a walking disaster.（彼女は
　　　歩く災害＝トラブルメーカーだ）や、He's a walking chick magnet.（彼は歩く女
　　　性磁石＝モテ男だ）のようにも使うことができます。

She has a heart of stone.
彼女は石のような心を持っている。（＝冷たい）

He wears his heart on his sleeve.
彼は自分の心臓を袖につけている。（＝自分の感情を隠さないタイプだ）

She has such a bubbly personality.
彼女はすごく明るい性格だ。

He marches to his own drums.
彼は自分のドラムに合わせて行進する。（＝とてもマイペースだ）

She's kind of a lone wolf.　彼女は一匹狼だ。

He's a total party animal. He'll never miss any social events.
彼はめちゃくちゃパーティー好きだから、社交イベントは絶対逃さないよ。

He's a chatterbox, for sure.　彼はすごいおしゃべりだよ。

She's super down-to-earth.
彼女はすごく地に足がついているよ。（＝落ち着いた性格というニュアンス）

状況にまつわる慣用句

The **curtain of night** fell upon us.　夜の帳が下りてきた。

Warmth blanketed the area.　あたたかさが辺りを包んだ。

The **cold air pierced** his skin.　冷たい空気が彼の肌に突き刺さった。

This is the **icing on the cake**.
それはケーキのアイシングだ。（＝それがあるとなおさらよい）

Hope is on the horizon.　希望は地平線上にある。（＝未来は明るい）

Life contains nothing but clear skies up ahead.
人生にはこの先晴れた空しかない。（＝希望にあふれている）

The Internet connection was **slower than a tortoise**.
ネットの接続スピードがカメ並みに遅かった。

Time is money, my friend. Stop wasting it on a guy that doesn't
love you back.
時は金なり。愛してくれない男に時間を無駄にするのはやめて。

My computer is an **old dinosaur**.
私のコンピューターは古い恐竜だ。（＝とても旧式）

Stop **nitpicking** everything that's wrong with her.
彼女の悪いところをあげつらうの、やめたら？

I actually like having a **nine-to-five job**.
私は9時から5時までの（＝一般的な）働き方が結構好きだよ。

192

This department store **turns into a zoo** on Black Friday.

このデパートはブラックフライデーになると動物園（のようなカオス）になるんだよ。

I don't think this plan will work; we need to **go back to the drawing board**.

この計画はうまくいかないと思う。製図板（＝最初）からやり直した方がよさそうだよ。

Speak of the devil ...　噂をすれば…。

I broke my phone, and it costs 300 dollars to repair it. I guess I need to **bite the bullet** and just pay for it.

スマホを壊しちゃって修理に 300 ドルもかかるんだって。これは腹をくくって払うしかないか。

The deadline was approaching, so I had to **cut corners**.

締め切りがギリギリに迫っていたから、手を抜くしかなかった。

I still **can't wrap my head around** what happened.

まだ何が起こったのか理解できていない。

Simile（直喩）

🔊 51

as cool as a cucumber　キュウリのように冷たい（＝とても冷静）

When she lost her wallet, she was as cool as a cucumber and knew exactly what to do. I was so impressed.

財布をなくした時、彼女はすごく冷静で何をすべきかちゃんとわかっていて、本当に尊敬したわ。

cunning like a fox　狐のように狡猾な

Don't trust his words; he is cunning like a fox.

彼の言葉を信用しない方がいいよ。彼はすごく狡猾だから。

as cold as ice　氷のように冷たい

The expression on my boss's face was as cold as ice when I was late for an important meeting.

私が大事な会議に遅刻しちゃった時、上司の表情がめちゃくちゃ冷たかった。

as busy as a bee　ハチのように忙しい

My partner is as busy as a bee right now with work.

私のパートナー、今仕事でめちゃくちゃ忙しいみたい。

as sharp as a razor　カミソリのように鋭い（＝頭が切れる）

Despite being over 80 years of age, my grandmother's mind is as sharp as a razor.

80歳を過ぎているにもかかわらず、私のおばあちゃん、めちゃくちゃ頭が切れるんだよね。

as hot as hell　地獄のように暑い

How can you bear to go out in this weather? It is as hot as hell!

この天気でよく外出が我慢できるね。地獄のような暑さだよ！

as bright as the moon　月のように輝いて

Her eyes shined as bright as the moon when she received her birthday gift.

彼女は誕生日プレゼントを受け取って、目をキラキラさせていたよ！

as wise as an owl　フクロウのように賢い

I always trust her dating advice. Because she is as wise as an owl.

彼女の恋愛アドバイスには絶大な信頼を寄せているよ。彼女、すごく賢いから。

as smooth as silk　シルクのように滑らかな

His voice is as smooth as silk. I could listen to it all day.

彼の歌声はシルクのように滑らかなのよ。ホント、1日中聞いていられるわ。

as light as a feather　羽のように軽い

This new backpack I got is as light as a feather! I will definitely use it for hiking.

この新しいリュック、超軽量なんだよね。絶対ハイキングで使おうっと。

as straight as an arrow　矢のようにまっすぐな（＝真面目な）

He doesn't drink, he doesn't sleep around, he doesn't gamble; he is as straight as an arrow.

彼、酒も飲まず、浮気もせず、ギャンブルもせず、とにかく真面目な人だよ。

Proverbs（ことわざ）

◀)) 52

A picture is worth a thousand words.　百聞は一見にしかず。

意味　言葉で説明するより、目で見た方が説得力がある。

All good things come to an end.　すべてのよいものには終わりが来る。

意味　どんなものにも終わりがある。

A journey of a thousand miles begins with a single step.

千里の道も一歩から。

意味　どんなに大きな目標でも身近なステップを踏むところから始める。

A bird in the hand is worth two in the bush.

明日の百より今日の五十。

意味　あてにならない物より、今確実に持っている物の方が価値がある。

Actions speak louder than words.　行動は言葉よりも雄弁である。

意味　人は言葉よりも行いで判断される。

Better safe than sorry. 転ばぬ先の杖。

意味 後で後悔するよりも、用心するに越したことはない。

The grass is always greener on the other side.

隣の芝生は青く見える。

意味 他人はいつも自分よりよく見えてしまうが、それは真実ではないかもしれない。

Beauty is in the eye of the beholder. 美は見る者の目の中にある。

意味 何を美しいとするかは人それぞれ。

Better late than never. 遅くても何もしないよりはまし。

Blood is thicker than water. 血は水より濃い。

意味 血のつながった者同士は、他人よりもつながりが強い。

When in Rome, do as the Romans do. 郷に入っては郷に従え。

意味 新しい土地や環境に入ったら、そこの慣習にあった行動をとるべき。
　＊ When in Rome だけで使う場合もあります。

Don't count your chickens before they hatch. 捕らぬ狸の皮算用。

意味 まだ起きていない出来事をもとに計画を立ててはいけない。

Don't judge a book by its cover. 本を表紙だけで判断してはいけない。

意味 人や物は見かけによらない。

Don't put all your eggs in one basket. 卵は１つのカゴに盛るな。

意味 １つのことにすべてを賭けてはいけない。

The early bird catches the worm. 早起きは三文の徳。

意味 先に行動を起こした人が成功のチャンスを得る。

Every cloud has a silver lining. どんな雲にも銀の裏地がある。

意味 どんな悪いことや困難でも必ずよい面がある。

It's no use crying over spilled milk.　覆水盆に返らず。

意味　済んでしまったことはもう元には戻らない。

Strike while the iron is hot.　鉄は熱いうちに打て。

意味　チャンスがあるうちに行動しろ。

Every dog has its day.　どんな犬にもその日がある。

意味　誰にでも1度は成功するチャンスが来る。

The apple doesn't fall far from the tree.

リンゴは木から遠くへ落ちない。（＝蛙の子は蛙）

意味　子どもは親に似る。

Necessity is the mother of invention.　必要は発明の母。

意味　発明は必要があるところから生まれるということ。何かに迫られて必要
　　　になると、人はクリエイティブな解決方法を編み出すということ。

Never put off until tomorrow what you can do today.

今日できることを明日に先延ばしにしてはいけない。（＝思い立ったが吉日）

意味　今できることは、今のうちにやっておいた方がいい。

Practice makes perfect.　習うより慣れろ。

意味　何ごとも練習なくして上達しない。

A friend in need is a friend indeed.　窮地の友は真の友。

意味　困った時に助けてくれる人こそが、本当の友達である。

Rome wasn't built in a day.　ローマは1日にしてならず。

意味　大きなことを成し遂げるには時間がかかる。

Two wrongs don't make a right.

間違いを合わせても、正しくはならない。

意味　仕返しは正当化できない。誰かがやっているからといって、あなたも同
　　　じように悪事を働いていいというわけではない。

Fortune favors the bold.　幸運は勇者に味方する。

意味　勇気ある行動は報われることが多い。

Out of sight, out of mind.　去る者は日々に疎し。

意味　近くになかったり、目に見えない人やモノは忘れられやすい。

To kill two birds with one stone.　一石二鳥。

意味　2つの目標を思いがけず同時に達成すること。

Good things come to those who wait.　残り物には福がある。

意味　辛抱強く待っているとよいことが起きる。

Once bitten, twice shy.　一度噛まれると、二度目は臆病になる。

意味　一度ネガティブな経験をすると、それ以降警戒心を持つようになる。

Money doesn't grow on trees.　お金は木にならない。

意味　お金を稼ぐことは大変だ。

Birds of a feather flock together.　同じ羽を持った鳥は一緒に飛ぶ。

意味　同じような考えや趣味嗜好を持つ人は集まる傾向にある。

Great minds think alike.　頭がいい人は同じような考え方をする。

A drowning man will clutch at a straw.　溺れる者は藁をもつかむ。

意味　人は窮地に追い込まれると、どんなものにでもしがみつこうとする。

All's well that ends well.　終わりよければすべてよし。

意味　結果さえよければ、途中の困難は問題にならない。

An empty vessel makes much noise.　空の船が一番大きな音を立てる。

意味　愚かな人ほどよくしゃべり、声が大きい。

A rolling stone gathers no moss. 転がる石に苔は生えない。

意味　このことわざ、イギリスとアメリカでは解釈が異なる傾向にあるようです。
イギリス：腰を据えない人は大成しない。（ネガティブ）
アメリカ：いつも動いている人は常に新鮮でいられる。（ポジティブ）

Curiosity killed the cat. 好奇心が猫を殺した。

意味　他人のことにむやみに立ち入るべきではない。好奇心が身を滅ぼす。

Ignorance is bliss. 無知は至福。（＝知らぬが仏）

意味　知らないことに関しては心配することがない。

It's always darkest before dawn. 夜明け前が一番暗い。

意味　物事は好転する直前が一番状態が悪く見える。

No news is good news. 便りのないのはよい便り。

意味　誰かや何かについて何の知らせもない場合、すべてがうまくいっている
証拠である。

One can't see the forest for the trees. 木を見て森を見ず。

意味　細かいことに捉われて、全体を俯瞰できていない様子。

The squeaky wheel gets the grease. 軋む車輪が油を得る。

意味　はっきりと自己主張をすれば、きちんと見返りを得ることができる。
（＝声を上げなければ何もしてもらえない）

Time and tide wait for no man. 歳月人を待たず。

意味　時間は待ってくれないから、さっさと行動した方がいい。

Too many cooks spoil the broth.

料理人が多すぎるとスープが台無しになる。（＝船頭多くして船山にのぼる）

意味　指図する人が多すぎると、かえって統率がとれず、意に反した方向に物
事が進んでいく。

＊ Too many cooks だけで使われることもあります。Too many hands in the
pot ... / Too many chefs in the kitchen ... などのバージョンもあります。

Analogy（アナロジー：類推）

　アナロジー（例え話）を使うと話の解像度がグッと上がるので、深い共感と理解を示したい時にとても効果的でオススメです。

　直喩（Simile）や隠喩などの比喩は基本的に属性（色・形・音など）の共通点をベースに表現されていて、文の構造は大体「[主語] は [比喩] みたいだ」という「S ＋比喩」の形が多いです。対してアナロジー（例え話）は、共通点を持つ２つの出来事を隣り合わせる「[出来事１（S ＋ V ＋ O）は] [出来事２（S ＋ V ＋ O）みたいだ]」という文の形になります。

　では、英語のアナロジーの例を確認してみましょう。

■アナロジーの例　　　　　　　　　　　　　　　🔊53

Finding a good partner is like finding a needle in a haystack.
よい伴侶を見つけるのは、干し草の山の中から針を見つけるようなものだ。
（＝そのくらい難しい）

That's as useful as rearranging deck chairs on the Titanic.
それはタイタニック号のデッキチェアを並べ替えるのと同じくらい有用だね。
（＝そのくらい意味がない）

Explaining a joke is like dissecting a frog.
冗談を説明するのは、カエルを解剖するようなもの。（＝途中で死んでしまう）

Just as a butterfly comes out of its cocoon, so we must come out of our comfort zone.
チョウが繭から抜け出るように、私たちもコンフォートゾーンから出なければならない。

The human mind treats a new idea the same way the body treats a strange protein; it rejects it. — P. B. Medawar

人間の心は新しいアイデアを、まるで体が異質なタンパク質を扱うのと同じように扱い、拒絶する。（P. B. メダワー）

A good speech should be like a woman's skirt; long enough to cover the subject and short enough to create interest. — Winston S. Churchill

よいスピーチは女性のスカートのようなもの。主題をカバーするのに十分な長さと興味を持たせるのに十分な短さが必要だ。（ウィンストン・チャーチル）

LET'S PRACTICE!
練習してみよう！

オリジナルのアナロジーを作ってみましょう！

1）Life is like _____

_____

2）Learning English is like _____

_____

3）Finding "The One" is like _____

_____

EXAMPLE ANSWER → p.290

コツ#6 非日常表現もストックしておく

　お祝いやお悔やみなどの非日常って突然やって来るじゃないですか。そんな時こそ、節目に合ったフレーズを使いこなして、クイック返し上手になりたいですよね。ここではそんな非日常なシチュエーションで役立つフレーズをご紹介していきます。サッと使えるようにストックしておきましょう！

新しい門出を祝う「おめでとう！」フレーズ
（進学・昇進・転職・転居など）

🔊 54

Watching your talent bloom like this brings so much joy. Congratulations!
あなたの才能がこうして開花するところを見られるのは本当に嬉しいよ。おめでとう！

Good luck to you with what the future holds! Not that you need any.
あなたのこれからの幸運を祈るよ！ まあ、あなたは運に頼る必要なんてないけどね。

Best wishes on your journey!
あなたの人生に幸あれ！

The future has much in store for you!
未来にはきっと楽しいことがたくさん待っているね！

Fortune favors the bold, and you are the strongest and most courageous person I know!
幸運は勇者の味方をするって言うよね。あなたは私が今まで出会った人の中で一番強くて勇気がある！

Don't forget about us, the little people, when you're famous!

有名になっても私たちみたいな小市民のこと、忘れないでよ！

Fingers crossed, your future will be everything you expected and more!

幸運を。きっと未来はあなたが想像するよりも、もっと素晴らしいものになるよ。

I wish nothing but the best for you!

すべてうまくいきますように！

You'll do great! Believe in yourself like I believe in you!

絶対うまくいくよ！　私があなたを信じてるみたいに、あなたも自分を信じて！

You've got this. I believe in you!

あなたなら絶対できるよ。信じてる！

You're going to be amazing. I just know it.

あなたは間違いなく成功するって確信しているよ。

I'm rooting for you!

応援しているよ！

Use what you know and knock them dead!

あなたのスキルを使って、一発かましたれ！

Show them what you're made of, and make yourself proud!

あんたの底力見せたれ！　そして自分が満足できる結果を残して！

How lucky am I to be a friend of the future X. You're going to be great!

未来の X と友達だなんて、本当に嬉しいよ。頑張れ！

　＊ X の部分は相手の状況によって内容を変えてください。例えば future Pulitzer Prize winner / future rock star / future CEO など。

It must not have been easy to come this far, but I admire your devotion and courage in moving forward. Congrats on this new chapter of your life!

ここまで来るのはすごく大変だったと思うけれど、あなたの努力と前に進む勇気、すごく尊敬するよ。人生の新しいチャプター、おめでとう！

You are so brave to take this step. Kudos to you for standing up for what you believe in.

この選択をするのって、すごく勇気があると思う。自分の信念を貫いていて、本当に偉い！

I salute anyone who is bold enough to put themselves and what they believe in first. Good luck with your future endeavors!

自分の信じることを一番に優先できる人って、本当に尊敬するよ。これからも頑張ってね！

Good for you! You're out of here and moving on to better things. I can learn a thing or two from you about doing what makes me happy.

どんどん前進していってすごいね！ 自分のことを大切にするってこと、あなたから学ばせてもらうよ。

You are an inspiration to us all. Congratulations on following your dreams and doing the things you love!

あなたには本当に刺激を受けるよ。自分の好きなことをして夢に向かって一歩踏み出せて、おめでとう！

Congrats on X! This is your moment. Enjoy it.

X おめでとう！ あなたが主役だよ。楽しんでね。

They are so lucky to have you on board! Congrats!

（新しい職場、学校などは）あなたを迎えられてすごくラッキーだと思うよ！ おめでとう！

Best wishes on the next stage in life. You deserve great success!

新しいステージでの活躍を祈っているよ。あなたは絶対成功するよ！

＊ You deserve X ＝「あなたは X にふさわしい」という意味なので、頑張り屋さんや今まで苦労してきた人などに是非使ってあげてください。

LET'S PRACTICE!
練習してみよう！

　　p.202 〜 205 からあなたの使ってみたい「おめでとう」フレーズを選び、あなたの過去の経験から、このフレーズがピッタリだった場面を書き出してみましょう。

使ってみたいフレーズ： _____

_____

シチュエーション： _____

_____

EXAMPLE ANSWER → p.291

誕生日おめでとうフレーズ

🔊 55

May all your wishes come true as you grow older!

年を重ねるごとに、たくさんの望みがかないますように！

May this year be the greatest year you've had in your life.

今年が今までの人生で一番の年になりますように。

You deserve a spectacular day to turn a year older and bolder.

一回り大きくなるんだから、盛大にお祝いしなきゃね。

It's a day to celebrate you and everything you've accomplished in life. Can't wait to see what you do next. Happy birthday!

今日はあなたと、あなたが成し遂げたことを祝う日だね。次はどんなことを達成するのか楽しみだよ。お誕生日おめでとう！

Finally! You survived another year.

ついに！１年をなんとか生き延びたね。

Make your special day memorable with some bad decisions.

せっかくの誕生日だから、ちょっとハメをはずしちゃえ。きっと思い出に残るよ。

Happy birthday! Now it's time to make a birthday wish. I mean, you have ME, so I don't know what else you have to wish for ... but go on, I guess ...

お誕生日おめでとう！ 誕生日のお願い事をする時がきたね〜。まあ私という存在がいれば、もう他に何もいらないとは思うけれど、まあどうぞ??

Happy birthday! You don't look a day over 17! From a distance, with my eyes closed.

おめでとう〜！ どう考えても 17 歳以上には見えないねえ〜！ 遠くから見れば…それも目をつぶって…。

LET'S PRACTICE!
練習してみよう！

あなたの周りで、もうすぐ誕生日の人はいますか？ どのフレーズでお祝いしてみたいですか？

_____

_____

LGBTQ のカミングアウトをした人をお祝いするフレーズ

Congratulations! Many people search to find their true selves, and that can take them half their lives. I'm so happy you're able to connect with who you really are and live your life authentically.

おめでとう！ 多くの人は自分探しに時間がかかる中、あなたがしっくりくる自分の姿を見つけて、自分らしく生きられることがすごく嬉しいよ。

You love who you are, and I love who you are. That's all that matters, and that's all that ever will.

あなたが自分のことを大切に思って、私もあなたのことを大切に思っていて、それは今までもこれからもずっと変わらないし、それが一番大事なことだと思っているよ。

The best part about this will be watching you become more and more of who you really are.

あなたがさらに自分らしくなっていく過程を見られるのが、何より嬉しいし楽しみだよ。

This is great news. I feel so honored that you decided to tell me! Thank you!

素敵なニュース。私に教えてくれてありがとう、光栄だよ！

You're amazing! I'm glad you'll be able to be yourself around me.

あなたは最高だよ！ あなたが私の周りで自分らしくいられることが嬉しいよ。

Thank you for trusting me enough to share this with me. Do you have any pronouns you'd like me to use?

私を信頼して教えてくれてありがとう。使ってほしい代名詞はある？
　　* pronoun ＝ he / she / they などの代名詞。

You can count on me to help you in whatever way I can. I want to see you happy!

私にできることがあれば、いつでも頼ってね。私はあなたのハッピーな姿が見たいんだから。

Congratulations! Please let me know how I can properly support you because I'm with you all the way!

おめでとう！ どんなサポートの仕方が嬉しいか教えてね。絶対応援するから！

LET'S PRACTICE!
練習してみよう！

自分がカミングアウトする立場だとしたら、どの言葉が言われて一番嬉しいですか？

_____

_____

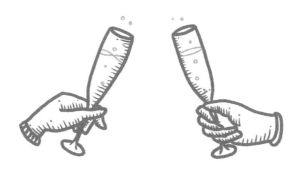

結婚・出産お祝いフレーズ

57

結婚お祝いフレーズ

I hope you have a spectacular life together. You deserve it!

最高の人生になりますように。素敵な2人はそうなって当然！

I'm so thrilled for you! May your life be filled with love, joy, and laughter.

おめでとう！ 思いやりと喜びと笑いにあふれた人生になりますように。

This is amazing! You two are so perfect for each other.

素敵！ お似合いのお2人だね。

Best wishes on this joyous occasion!

この度はおめでとうございます！
　＊結婚のお祝いに使われる常套句。

I'm so happy to see my favorite couple tie the knot! Congrats!

私の推しカップルがついに結ばれて嬉しい！ おめでとう！

出産お祝いフレーズ

Congratulations on your new bundle of joy!

赤ちゃんの誕生おめでとう！
　＊ bundle of joy は直訳すると「包まれた幸せのかたまり」ですが「赤ちゃん」という
　　意味のイディオムです。赤ちゃんがおくるみに包まれている様子と掛けています。

I couldn't be any happier for you on the arrival of your baby! You are going to make the most fantastic parent(s). Congratulations!

赤ちゃんの誕生、きっと何にも代え難い喜びだと思う！絶対最高のお父さんお母さんになるよ。おめでとう！

So happy for you three. That's going to be one lucky baby!

3人とも、本当におめでとう。このファミリーに生まれて、この子はラッキーだね！

Well done on creating a mini-human being. Congratulations! Let the noise begin!

ミニチュア人間を作るの、本当によく頑張ったよ。おめでとう！これから騒がしくなるね〜！

Now, your world is about to change. A new baby will make your love stronger, your home happier, days shorter, nights longer, and your bank account emptier. Best wishes for the future!

これから生活がガラッと変わるんだね。新しい赤ちゃんは、家族の絆を強く、そして家を明るくしてくれる。1日は一瞬で終わり、夜はなかなか明けなくなる。そしてさらに懐も寒くなるね！これからの人生に幸あれ！

LET'S PRACTICE!
練習してみよう！

あなたの周りに結婚や出産予定の人はいますか？または過去に結婚・出産した友人を祝うとしたら、どのフレーズでお祝いしてみたいですか？

_____

_____

お大事に…！ フレーズ

🔊 58

Hope you feel better soon.
お大事にね。すぐによくなりますように。

Hoping you find strength with each new day. You are in our thoughts.
1日ごとに体力が戻ってきますように。早くよくなるように祈っているよ。

We're all thinking about you and wishing you a speedy recovery.
みんなあなたが早くよくなることを祈っているよ。

Sending good, healthy vibes your way.
ポジティブでヘルシーなバイブス（波動）を送るね。

Sending hugs and love!
ハグと優しさを送るよ！

Germs, like everyone else, find you irresistible! Get well soon!
あなたが魅力的すぎるから、みんなだけじゃなくて病原菌にも好かれちゃったんだね。早くよくなって！

Remember to just take it one day at a time, and in no time, you will be completely healthy and smiling once again.
無理せず、1日1日を大切に過ごしてね。そうすればすぐまた元気で笑顔になるはずだよ。

I want to remind you how strong you are. We're thinking about you every day and wishing for a fast recovery.
あなたがどれだけ強いか忘れないで。1日も早い回復をいつも祈っているよ。

Get better and get back to your amazing self soon!
早くよくなって、いつもの素敵なあなたに戻れますように！

Recovery is hard work — but you're not alone. We are always here for you, and let us know if there's anything we can do!
回復するって大変だよね。でもあなたは１人じゃないからね。私たちがついているし、できることがあれば何でも言ってね！

Warmest wishes for a speedy recovery! The office is so quiet without you. We miss you around here!
１日も早い回復を祈っているよ！ あなたがいないと社内が静かで寂しいよ。早く会いたいな！

喪中の人にかける言葉

🔊 59

　センシティブなシチュエーションは言葉選びが特に難しいですよね。そんな時に使える、短いけれど配慮の含まれたフレーズを集めました。他のフレーズと違い、なかなか使う機会はないかもしれませんが、いざという時にサッと思い出せるよう、特徴を観察しながらインプットしてみてくださいね。

Sending you my deepest condolences for the loss of your loved one.
大切な人を失って辛いよね、お悔やみ申し上げます。

I'm sorry you're going through this. I am here if you need me.
さぞお辛いでしょう。 もし私に何かできることがあれば言ってね。

I was saddened to hear of _____'s passing, and my thoughts are with you and your family.

_____ さんが亡くなったと聞いて、すごく悲しかった。あなたとあなたのご家族のことを思っているよ。

You have the support and love of all those close to you at this time.

皆があなたのことをサポートしているからね。

I was devastated to hear of your loss. You will be in my prayers.

亡くなったことを聞いて、とてもショックだった。あなたの心が少しでも軽くなるよう祈っているね。

If you need to talk, you can call whenever you want. I'll always make time for you.

もし誰かと話したくなったら、いつでも連絡してね。いつでも時間を作るから。

_____ was a special person, and he / she will be missed so much.

_____ さんは本当に素敵な人だったから、とても寂しくなるね。

It won't be the same without _____. He / she will be missed by so many.

_____ さんがいない生活は以前とは違ってしまうでしょう。多くの人に惜しまれるね。

I know I speak for all who knew _____ when I say he / she was one of the most incredible people you could hope to meet. Their loss will be devastating to so many.

_____ さんを知るすべての人がきっと同じことを言うと思うけれど、あの人は本当に素敵な人だったね。多くの人が悲しむと思うよ。

_____ will be forever remembered by all those who were lucky enough to know him / her.

_____ さんと出会うことができた幸運な人々は、ずっと彼 / 彼女のことを忘れないと思う。

LET'S PRACTICE!
練習してみよう！

p.211 ～ 214 から、覚えておこうと思ったフレーズを選んで書き出してみてください。

_____

_____

_____

_____

05

ARTICULATE AND CAPTIVATE
トーク上手になる

トーク上手とは

　ここまで何度か会話をキャッチボールに例えて
きたように、「相手と自分が交互に発話していく」
という作法は、日本語の会話だと一対一であろう
と複数人の会話であろうと変わらないですよね。
でも、英語のコミュニケーションには「複数人の会話になった途端、順番
などお構いなしに皆が一斉に発言権を取り合う」という、言わばバスケッ
トボール式の会話に変貌を遂げる（日本人泣かせな）トラップが仕掛けら
れているのです…！

　私は最初、この会話様式になかなか馴染めず、日本語会話の感覚で自分
にボールが投げられるのを待っているばかりでした。もちろんいつまで待っ
ていても話すタイミングは訪れず、日本ではおしゃべりキャラだったはず
なのに、いつの間にか薄笑い菩薩フェイスを貼り付けたまま隅っこに鎮座
する地蔵キャラが定着…。アメリカ人に You are so quiet!（無口 / おとな
しいね！）と言われる度に、自分の英語力の無さを恨めしく思う日々が続
きました。これが原因でアイデンティティ・クライシス地獄にも陥り、こ
の話だけで本が 1 冊書けてしまいそうなくらい、本当に辛かったです…涙。

　こんなしょっぱい状況を抜け出し、自分から話に入っていくためのコツ
をこの Chapter でご紹介していきます。私がアメリカ生活で培った汗と涙
の結晶なので、ハンカチ片手に読み進めてくださいね。

コツ #7　ボールを奪う

バスケ式の会話では、ドリブルをするにもシュートを決めるにもパスを出すにも、まずはボールを持つ＝発言権を握らないことには始まりません。そしてボールを持つ方法は2つだけ。パスを出してもらうか、自分から取りに行くか。パスを出してもらうには自分の存在をアピールするのが一番！Chapter 03のコツ1に登場したリアクションフレーズを是非活用してみてください。ここではもう1つの「自分からボールを取りに行く」にフォーカスを当てていきます。

IFR メソッドで軽やかにボールをゲット

IFRメソッドとはInquire, Follow-up, Relateの3ステップを繰り返しながら会話を進めるコミュニケーション法。質問と自分のコメントがバランスよく配合されているので、出しゃばり感を抑えつつ、でもぐいぐい会話に入っていくことができます！

STEP 1：Inquire / 質問する

相手の話に質問を入れつつ、情報を集めます。
このステップではChapter 04のコツ2「質問で話を引き出す」の項目でご紹介したOpen-ended Questionをどんどん使ってみてください。

STEP 2：Follow-up / おかわり質問をする

最初の質問に返ってきた答えに対して、さらに追加質問をしていきます。

■ 推しのインタビュアーになった気分で

「追加質問が思い浮かばず、一問一答状態になってしまって会話が盛り上がらない…」という場合は、是非あなたの「推し」をインタビューしている気分で会話してみてください。あなたの大好きな推しメン・推しキャラと話せるとしたら、「この人のこと、もっともっと知りたい…！」という気持ちがあふれてきますよね。この「相手のことを知りたい」という純粋な気持ちこそ、どんな気の利いたフレーズよりも大事です（ということに気づくまで、私は10年もの時を費やしました。皆さんは私の屍を越えて行ってくださいね…（遠い目））。

STEP 3：Relate / 関連話を共有する

相手が言ったことに関連する内容で話に乗っかります。

質問に次ぐ質問を繰り返す「わんこ蕎麦」ならぬ「わんこ質問」を避け、バランスよく自然に会話を運んでいく上で、とても大切なステップです。

「それを聞いて思い出したんだけど…」とか「Xと言えばさ…」のように、連想ゲームスタイルで違う話題へシフトチェンジしても◎。

「でも、その連想がいきなり浮かばないから困ってるんや…」と、今思いましたよね？　そんな時は 1.情報 2.感想 3.経験 の3つを入り口にしてみるとアイデアが浮かびやすくなりますよ。

1.　情報（外部から得た知識など）で乗っかる

🔊 60

Oh, I heard that it's X.　それってXらしいね。

I read that it's X.　それってXって書いてあったよ。

Well, according to X, it's Y.　Xによると、それってYらしいね。

Allegedly, that is X.　それってXという噂だよ。

Hey, did you know ... That's actually X.

知ってた？ それって X なんだよ！

> ＊ポイントは know の後に一拍おいて、ゆっくりもったいぶって話し始めることです。そうするとみんなオイシイ話や意外なことを聞けると思い、アテンションしてくれます（笑）！

2. 自分の意見・気持ちで乗っかる

That seems like X. それって X っぽいね。

I feel like that's X. それって X な気がする。

That's funny you should say that because X.

わあ、奇遇だね、なぜなら私も X なんだ。

> ＊ funny you should say は、自分が思っていたこと、言おうとしていたこと、または自分に関連することを相手が偶然言った時に使う表現です。

Do you want to know what I think? I think that's X.

私はそれって X だと思うなあ〜。

> ＊直訳すると「私が考えてること知りたい？」というなんとも高慢な表現ですが、英語では普通に使われます。ただ英語でも少し断定的なことに変わりはないので、したり感やドヤ感が出る表現です。使い方には十分ご注意を（笑）！

The thing is, it is X. それがさ、実は X なんだよね。

Here's the thing. X. 実はね、X なんだよ。

> ＊これから大切なことを言うぞ！ 思い切ったことを言うぞ！ というタイミングで使います。

You know what? I think that's X. えっと、私は X だと思うな。

> ＊仕切り直しに皆の注目を自分に集めたい時の表現です。カオス化している会話をまとめたい時などにも最適です。

3. 自分の経験で乗っかる

That reminds me of the time when X.

その話を聞いて、X の時のことを思い出したよ。

I have a really similar experience, too! There's this one time I X.

私も同じような経験があるよ！ X なことがあってね。

> * There's this one time の代わりに There's this one guy ... など、話の内容によって
> 表現を変えるのもアリです。

Guess what!　ちょっと聞いて！

> * 自分から話題を提供したい時などに使います。直訳は「さあ何でしょう？」。

会話の例：IFR が使われたダイアログを見てみよう！

🔊 61

　Inquire, Follow-up, Relate の 3 ステップが会話に反映されるとどんな感じになるか、見ていきましょう。 * B さんが IFR を使ってコメントしています。

パターン 1

A: **I went to the movies yesterday.**

昨日、映画を見に行ったんだ〜。

B: **Oh, cool. What was the movie about?**　[Inquire]

へえ！ どんな映画だったの？

A: **Oh, it's a boy-meets-girl story, but they find out that she's moving to another country, so they try to figure out the whole long-distance relationship thing.**

ああ、恋愛モノだよ。彼女キャラが外国に引っ越すことになって、遠距離恋愛を何とか続けようとするって感じのストーリー。

B: Ah. Was it a rom-com? Or was it one of those movies that are unnecessarily realistic and depressing? [Follow-up]

ああ、ラブコメ？ それとも、よくある「必要以上に現実的で陰鬱にさせるタイプ」のやつ？

A: Oh, it's a rom-com.

ああ、ラブコメの方！

B: I like rom-coms. I can relax while I watch it because I know how it ends, you know? They always end up together. [Relate] What other rom-coms do you like? [Inquire]

ラブコメいいよね。絶対最後に２人がくっつくってわかってるから、安心して見ていられるじゃん。他にオススメのラブコメ映画ある？

━━━━━━━━━━━━━━━━━━━━━━━━━━━━━━━━━━━━

パターン2

A: I went to the movies yesterday.

昨日、映画を見てきたんだよね。

B: Oh, who did you go with? [Inquire]

へえ〜、誰と行ったの？

A: I went with Mark.

マークと行ってきた。

B: I don't think I've met him. How do you know him? [Follow-up]

私は会ったことないかも。どういう知り合い？

A: Oh, he is from work.

ああ、同僚だよ。

B: What is he like? [Follow-up]

どんな感じの人なの？

A: He is really cool. He has like 100 hobbies, and he is one of those people who seem to always carry positive vibes with them, you know?

すごく面白い人だよ。めちゃくちゃ多趣味でさ、いつもポジティブな雰囲気で明るいんだよね〜。

B: Oh yeah, I know what you mean. My friend Ken is that way, too. He's always in a good mood and super uplifting to be around. [Relate]

What do you think is their secret to staying positive? [Inquire]

ああ、わかる。私の友達のケンもそんな感じ。いつもゴキゲンでさ、周りにいるだけで元気が出るんだよね。

そういう人たちがいつもポジティブでいられる秘訣って、何だと思う？

> ステップ3：Relate（関連話を共有する）の後、またステップ1：Inquire（質問する）に戻りましょう。これを押さえておけば、会話の（暗黙の）ルールを無視して、ずーーっと自分のことを話し続ける、いわばトラベリング状態に陥ってしまうのも防げます！

LET'S PRACTICE!

練習してみよう！

　Inquire, Follow-up, Relate を使って、各例題に会話の流れを作って
みます。1人2役になって、相手の返答も一緒に考えてみてください。

　＊ Chapter 02, 03, 04 で登場したフレーズも是非合わせて使ってみてくださいね。

1）相手：I recently started taking swimming lessons!
　　　　　最近、水泳のレッスンを受け始めたんだ！

あなた：〔Inquire〕_____

相　手：_____

あなた：〔Follow-up〕_____

相　手：_____

あなた：〔Relate〕_____

2）相　手：I got a promotion at work!　会社で昇進したんだ！

あなた：〔Inquire〕_____

相　手：_____

あなた：〔Follow-up〕_____

相　手：_____

あなた：〔Relate〕_____

3）相　手：I went on a camping trip last weekend with my
　　　　　 boyfriend.
　　　　　先週末、彼とキャンプに行って来たんだ。

あなた：〔Inquire〕_____

相　手_____

あなた：〔Follow-up〕_____

相手 _____

あなた：〔Relate〕_____

EXAMPLE ANSWER → p.291

コツ #2　ボールを持って突っ走る

・・

　ボールを奪い取ったからといって安心できないのがバスケ型の会話。今度はボールを奪われないようにガードしつつ動き回る、つまり「発言権をキープ」しないといけません。これにはまず「いかに相手の興味とアテンションをホールドできるか」がキーになってきます。

ストーリーテラーになって興味を惹きつける

　「リンゴを食べた」と言われても「ふ〜ん」と軽く流したくなりますが、「皮もむかずに、リンゴに丸ごとかぶりついた！」と言われたら、「ええっ！そんなにお腹が空いてたの?!」とか「よっぽど美味しそうなリンゴだったんだろうなあ」とか、色々と感想が思い浮かんできやすいと思いませんか？それもそのはず、研究によるとストーリー性のある話を聞いて情景などをイメージできると、私たちの脳は自分がその出来事を体験している時と同じ動きをするそう。つまり、イメージが湧くとワクワク感やドキドキ感に加えて、共感が生まれるのです。こんな風に気持ちを動かせれば、相手の興味をガッチリキャッチできますよね。そんな惹きつけ上手のストーリーテラーになるために効果的なのが「具体的に場面描写をする」という方法です。

　（ただし、やり過ぎると必要以上に話が長くなって、逆に聞き手の興味を失ってしまうので、ほどほどにバランスを取りながら使ってくださいね👆）

223

Show, don't tell. — いきいき英語で話を魅せる

 62

　Show, don't tell.（語るより示せ）は、アメリカの作文教育や文筆家が
よく用いるライティング手法です。事実情報を淡々と説明・要約するので
はなく、行動、言葉、思考、感覚、感情などを交えた具体的な描写をしな
がら、受け手がストーリーを体験できるようにします。わかりやすく言うと、
話を「業務報告書」ではなく「小説」風に伝えていくイメージです。（だか
らといって、小説家のようにドラマチックでエモい描写をしなければいけ
ないわけではありませんのでご安心ください！）

　では Telling と Showing がどう違うか、実際に比べてみましょう。

`Telling`

It was really cold yesterday.　昨日はすごく寒かったよ。

`Showing`

I could see my breath in my room yesterday!
昨日は室内なのに息が白かったんだけど！

`Telling`

I love having coffee in the morning!
朝コーヒーを飲むのがすごく好きなんだ！

`Showing`

**There's nothing like the warmth against my hands when I have
the first cup of coffee in the morning.**
朝イチのコーヒータイムに、あたたかいマグを手で包みこむ瞬間って、控
えめに言って最高なんだわ。

Telling

I was really nervous about giving a speech.
スピーチするの、めっちゃくちゃ緊張したよ。

Showing

The entire room was so quiet, and everyone's eyes were on me. I was convinced that people could actually hear my heart beating while I gave a speech.
部屋中がシーンと静まり返って、みんな私の方を見ててさ。スピーチしている間、私の心臓の音がみんなに聞こえてたんじゃないかって、本気で思ったわ。

Telling

I had a great conversation with my friend over lunch the other day.
この前ランチしながら友達と話し込んで、めちゃくちゃ楽しかった！

Showing

I barely touched my food while my friend and I just chatted away like school girls!
ご飯もそこそこに友達と女子学生みたいにおしゃべりに夢中になっちゃったよ。

　なんとなく違いが伝わったでしょうか。でも会話の中でとっさにいい感じで臨場感あふれる言葉を生み出すのは結構ハードルが高いですよね…。そんな時は、次にご説明する方法を是非意識してみてください。

テンポで語りを盛り上げる

🔊 63

　アメリカの学校では、臨場感あふれるストーリーテリングの練習に、❶体の動き（行動）❷五感でキャッチしたこと ❸頭で考えたこと の三拍子をセットで言語化するテクニックが教えられているそうです。

❶ **行動を描写**（自分や周りの人がどんな風に動いたか）
　<u>動詞</u>をよく使います。（walk, run, drive, eat, read, talk など）

❷ **五感でキャッチしたものを描写**（色・形・場所・匂い・感触・音・味など）
　<u>形容詞</u>がよく登場します。（clean, quiet, pretty, warm, bright など）

❸ **思考を言語化**（どう感じたか・どんな考えが頭を駆け巡ったか）
　<u>考えにまつわる動詞</u>がよく登場します。（think, realize, feel, wonder, figure out など）

　では、この3ステップを使って、無味乾燥で短い報告が「ストーリー」に大変身する例を見てみましょう。

変身前

I found out that my boyfriend is cheating on me!
彼氏の浮気が発覚した！

変身後

❶ 行動：**I was flipping through a magazine on the couch.**
　　　ソファーで雑誌を眺めてたんだよね。

226

❷ 五感：All of a sudden, my boyfriend's phone lights up with a text notification. It reads, "Can't wait to see you on Sunday. ♡ "

そしたら彼氏のスマホにメッセージが来て「日曜に会えるの、楽しみだな♡」って書いてあってさ。

❸ 思考：I was so thrown off that all I could think about was, "I wonder which one of us is gonna get the cat when we break up."

その瞬間テンパり過ぎて「私たちが別れたら、一緒に飼ってる猫はどっちが引き取るんだろう」ってことしか考えられなかったわ。

変身前

I thought I was late to the meeting, but then I realized it was Sunday.

ミーティングに遅刻だ！と思ったら、日曜だった。

変身後

❶ 行動：I was running late. So I ran up the stairs and burst into the meeting room, expecting my boss's pissed-off look on her face.

遅刻しそうだったから、階段を駆け上がって、上司のブチ切れた顔を想像しながら会議室に飛び込んだらさ。

❷ 五感：Only to find the meeting room empty and dead quiet.

誰もいなくて、静まり返っているのよ。

❸ 思考：That's when I realized that it was actually Sunday.

そこでやっと気づいたんだよね、今日日曜やん…。

There was a power outage at my house.
家が停電した！

❶ 行動：I was watching this new Netflix series that I am now obsessed with. I had turned off all the lights in the room to create the right "atmosphere" or whatever.

今どハマりしている Netflix のドラマを見ていたのよ。ちゃんと雰囲気を出すために部屋の明かりも全部消してさ。

❷ 五感：And as it reached its climax scene, the TV screen went completely dark.

で、クライマックスに差し掛かったところで、テレビの画面が真っ暗になったのよ。

❸ 思考：I first thought, "what a bold way to end this episode." But then it hit me. We'd lost power.

最初は「すごい終わり方するなあ」とか思ってたんだけど、やっと停電したことを理解したわ。

My mom brought over some stuff I didn't need.
お母さんがいらない物を押し付けてきた。

❶ 行動：My mom pulled into the parking lot.

お母さんが駐車場に車を停めたんだよね。

❷ 五感：I could see that she had a giant box sitting in the backseat.

その瞬間、後部座席にデカい箱が積んであるのが見えてさ。

❸ 思考： And I was like, "Oh great. She brought more stuff I don't need."

そこで「うわー出た！ またオカンがいらないもの持ってきた…」って思ったよね。

困った時は Pitchforking で枝葉を広げる

🔊 64

話に詳細を肉づけするには、今すぐ使えちゃう小技 Pitchforking もオススメです。pitchfork とは、先が三又に分かれた農具のこと。その名の通り、話の内容に詳細を 3 つ付け加えることで描写の枝葉を広げ、話を展開させていくシンプルな方法です。

例えば、かわいいワンちゃんを見かけた、という話をしたい時、まず I saw a cute dog. という文が思い浮かぶと思います。そこに、詳細情報を 3 つ「1. 小さな　2. たれ耳の　3. 尻尾を振っていた」を付け加えてみます。するとこんな感じのいきいき英語に大変身！

I saw a cute dog.　かわいい犬を見かけた。

→ **I saw a cute small dog with droopy ears, wagging his tail.**

かわいいたれ耳の小さな犬が尻尾を振っていた（のを見かけた）よ。

もちろん、追加情報は見た目以外についてでも OK。例えば、どこで、誰と、どんな風に、などを使って、こんな感じの詳細情報を追加することもできます。

I took a walk in a park.　公園で散歩した。

→ **I took a quick walk in the park after dinner while listening to my favorite podcast.**

夕飯のあと、お気に入りのポッドキャストを聞きながらサクッと公園を散歩したよ。

I talked to my friend.　友達と話した。

→ I talked to my friend **from high school** about K-pop over lunch.

高校の友達とランチしながら K-pop について話したんだ。

I read a book on the weekend.　週末に本を読んだ。

→ I sat with **a really good** book for the **entire** weekend, **completely immersed** in the story.

週末の間ずっと、ものすごく面白い本と座り込みを決めて、完全に物語に没頭していたよ。

LET'S PRACTICE!
練習してみよう！

まずはシンプルな文をトピックに沿って書いてみてください。次に詳細情報を３つずつ足して、よりいきいきした文にしてみましょう。

1) 今日嬉しかったこと：＿＿＿＿＿＿＿＿＿＿＿

　　詳細情報１：＿＿＿＿＿＿＿＿＿＿＿＿＿＿＿

　　詳細情報２：＿＿＿＿＿＿＿＿＿＿＿＿＿＿＿

　　詳細情報３：＿＿＿＿＿＿＿＿＿＿＿＿＿＿＿

　　まとめると？⇒＿＿＿＿＿＿＿＿＿＿＿＿＿＿

　　＿＿＿＿＿＿＿＿＿＿＿＿＿＿＿＿＿＿＿＿＿

2) 今日びっくりしたこと：＿＿＿＿＿＿＿＿＿＿

　　詳細情報１：＿＿＿＿＿＿＿＿＿＿＿＿＿＿＿

　　詳細情報２：＿＿＿＿＿＿＿＿＿＿＿＿＿＿＿

　　詳細情報３：＿＿＿＿＿＿＿＿＿＿＿＿＿＿＿

まとめると？⇒ _____

_____

3）今日イラッとしたこと： _____

詳細情報 1： _____

詳細情報 2： _____

詳細情報 3： _____

まとめると？⇒ _____

_____

EXAMPLE ANSWER → p.292

コツ #3　会話のスラムダンクで爪痕を残す

会話のバスケットボールで上手くボールをキープできるようになったら、今度は得点を入れたい＝笑いを取ったり印象づけたり、とにかく爪痕を残したい！というハングリー精神旺盛な方には、アメリカ流大袈裟トークがオススメです。

「盛りながら」話の山場を作る

英語の会話を聞いていると This is **the best** movie **EVER**!（これは間違いなく最高の映画）とか I have **NEVER** had such an amazing dish in my entire life!（こんなに美味しいものを食べたのは、生まれて初めて！）と言っているのを、よく耳にしませんか？

231

他にも例えば The game went on for a long time. の代わりに The game went on **forever**! と言ったり、These shoes are hurting my feet. の代わりに These shoes are **killing me!!** と言ってみたり、とにかく英語は盛り表現の宝庫です。

これってもちろん毎回ベストを更新しているわけでもないし、本当に best / worst って思っていなくてもいいのです。だってこれは話の山場を作って、相手を楽しませるためのパフォーマンスみたいなものだから。

例え盛って話したあとに、それが事実ではなかったことがバレたとしても「おい、お前この前のはウソだったのかよ…？」なんて詰め寄ってくる人はいないので、安心して盛っていってください。（少なくとも私は約10年アメリカで暮らしてきて、そんな風に言われたことはありません…笑）

キングオブ盛り表現の the best / worst X

今すぐ取り入れられる誇張表現といえば、間違いなく **the best / worst X ever!**（今までで一番最高 / 最悪な X）という表現！！

映画を見れば This was **the best** movie ever!! と興奮し、途中で家に帰りたくなるようなデートから帰還した瞬間に That was **the worst** date anyone's ever been on. と愚痴をこぼし、ちょっといいことがあれば I just had **the best** day of my life! と喜び、何か嫌なことがあれば I just had **the worst** day of my life. と悲観する。こんな風にドラマチックに話せるようになれば、トーク上手の座はあなたのものです。

■ ホントにホントにベストな時

とはいえ、ホントに本気で良さ（や悪さ）を強調したい時もありますよね。でもいつも best best と言っているとオオカミ少年よろしく、いざという時に信じてもらえないのでは？と心配になっちゃった場合は **THE** を強調し

て発音すると本気度が伝わります。ポイントは THE を DEE（ディー）の
ように発音すること。（ディー・ベスト、ディー・ワーストなど）これだけ
で特別感アップ！

アナ雪に負けない、なんでもかんでも「生まれて初めて」

the best 〜に続く盛り表現のボスといえば **I did X for the first time
in my life!** や **I've never X in my life!**（生まれて初めての X ！）という
表現。

「美味しいもの食べたんだ！」という話をしたいなら、オチは **I've never
had** such a delicious sandwich before!（こんなに美味しいサンドイッ
チは生まれて初めて食べたよ！）

「めちゃくちゃイラついたよ！」と愚痴りたいなら、パンチラインは **I've
never been** so freaking angry **in my life**!（こんなに怒ったのは生ま
れて初めてだよ！）、「めちゃくちゃ感動した！」と言いたいなら I cried
with joy **for the first time in my life!**（生まれて初めて嬉し泣きした
よ！）で締めてみる。

こんな感じで、なんでもかんでも「初めて」をつけておけば、大袈裟化
はバッチリです。

推測する時は自信満々に言い切っちゃう!?

🔊 65

もう 1 つ簡単に真似できる誇張マジックは「自信満々の断定マンになる」
というもの。「〜じゃない？」「私は〜だと思うな〜！」などの世間話のテ
ンションに、少し遊びゴコロをプラスしたい時、是非使ってみてください。

I **guarantee** that's gonna win the Oscars.

あの映画、まず間違いなくアカデミー賞とるよ。

Without a doubt, he is the best programmer I know.

間違いなく、彼は私が知っている中で最高のプログラマーだよ。

They are **hands down** the best tacos you will ever have.

マジであそこのタコス、世界で一番美味しいから。

She's **500%** right.

500パーセント彼女の言う通りでしょ。

I **swear on my unborn child**.

（絶対〜だと）まだ生まれぬ我が子の命にかけて誓うわ。

really はもう古い？ イマドキ英語なら literally で強調

　誇張したり強調したい時に、一番最初に出てくる単語といえば really じゃないでしょうか。もちろん really を使うのは間違いではないですが、繰り返し使うとなんだか子どもっぽいなあ…という感じがしますよね。そんな時に活躍してくれるのが **literally**（文字通り）という表現です。イマドキ日本語の「ガチで / マジで / リアルに」などに近く、「文字通り」じゃない事柄にもガンガン使います（むしろそのパターンの方が多いような…？）。

　例えば I **literally** almost passed out when I saw a cockroach.（ゴキブリを見た瞬間、ガチで失神するかと思った）と言ったとします。これは「失神しそうなくらいビックリした」という意味で、必ずしも本当に失神寸前だったわけではありません。

　＊もちろん I was so shocked that I was literally speechless.（ショックすぎて、文

234

字通り絶句してしまった）のように、本当に「文字通り」という意味で使う場合もあります。

同じような意味合いで使われる **genuinely** もオススメです。genuinely は「正真正銘 / 純粋に」などの意味があるので、ネイティブは日本語で言う「マジで」と同じようなノリで使っています。例えば、何かすごく嫌いなものを目にした時に I was **genuinely** getting nauseated.（マジで吐き気をもよおしたわ）みたいな言い方ができちゃいます。

いきいき類語でドラマチックに盛る

強調表現以外でも、いきいき類語を使いこなせると話が一気にドラマチックに演出されるので、臨場感もアップ！ 例えば「走った」の代わりに「猛ダッシュした」、「食べた」の代わりに「ペロリと平らげた」と言った方が躍動感が出て、話にメリハリがつきますよね！

例えば walk という単語を類語辞典で調べてみると、こんなに色々な種類の単語が出てきます。

■ walk の類語
stride / wander / tread / roam / stroll / pace / parade / march, etc.

walk だとどんな歩き方なのかが伝わらないけれど、stroll と言えば「ゆったり歩いている」＝リラックスしている雰囲気が伝わりますし、stride と言えば「ズンズン歩く」＝シャキッとしたイメージ、wander と言えば「ぶらぶら歩き回る」＝散策している様子など、それぞれ違った印象に。

他の例を挙げると、I went to the store. だと「お店に行った」ですが

I rushed to the store. だと「急いでお店に向かった！」になりますし、I ate lunch. だと「ランチを食べた」ですが、I stuffed my face during lunch break. と言うと「お昼休みにご飯をかきこんだ」となり、話の雰囲気がガラリと変わります。

　こんな風に単語１つ言い換えるだけで、あなたのトークの味付けが自由自在になるなんて、これは利用しない手はないですね。

他にもある、よく使う系動詞の類語

■ see の類語
detect / identify / look / look at / notice / observe / recognize / regard / spot / view / watch / witness / discern / distinguish / eye / gawk / gaze / glare / glimpse / inspect / peek / peep / peer / scan / scope / scrutinize / sight / spy / stare / survey / catch a glimpse of / catch sight of / get a load of / lay eyes on / make out / pay attention to / take notice

■ give の類語
award / commit / deliver / donate / grant / hand out / hand over / permit / present / provide / sell / turn over / administer / bestow / consign / convey / deed / dispense / furnish / gift / lease / relinquish / subsidize

■ get の類語
bring / draw / earn / gain / grab / land / make / obtain / pick up / pull / receive / score / win / accomplish / acquire / attain / capture / extract / fetch / inherit

■ make の類語

create / produce / build / construct / form / manufacture / cause / fabricate / put together / assemble / prepare / gain / shape / fashion / constitute / establish / mold / render / draw / generate

■ read の類語

learn / refer to / scan / see / study / view / decipher / discover / glance / peruse / skim / dip into / flip through / go over / go through / leaf through / make out / scratch the surface

■ talk の類語

chat / communicate / describe / express / reveal / tell / articulate / babble / chant / chatter / confess / converse / gab / gabble / gossip / influence / notify / persuade / spout / utter / verbalize / voice / comment on / give voice to / run on / spill the beans / talk one's leg off / tell all

　もちろん動詞だけでなく、形容詞も同じように類語を使ってみると違う角度で話を切り取れます。例えば、いつも英語の会話でこんな単語を連発していませんか？

It was ... awesome / great / bad / difficult / important / interesting!

　会話の中で○回目の That's interesting! を繰り出したあとって（他に言うことないのかよ…）ってセルフツッコミを入れたくなるじゃないですか。そんな自己嫌悪とサヨナラするためにも、類語で表現の引き出しを増やしていきましょう！　自力で考えるのはなかなか難しいと思うので、是非類語辞典を使いながらトライしてみてください。

　＊類語辞典は英語で thesaurus です。私は Power Thesaurus というサイトをよく使っているのですが、シンプルでとても使いやすいので、どの辞典を使ったらいいかわからない…と迷ったら、チェックしてみてください！

LET'S PRACTICE!

練習してみよう！

下線部分を類語で言い換えてみましょう！

1) I am so <u>tired</u> of <u>fighting</u> with my partner about <u>money</u>.
   ⇒ _____

2) It's so <u>interesting</u> how people seem to become <u>meaner</u> to each other on the Internet.
   ⇒ _____

3) It was so <u>great</u> to catch up with my friend.
   ⇒ _____

4) My friend had a <u>horrible</u> breakup. She is really <u>sad</u>.
   ⇒ _____

5) Learning English is <u>really difficult</u>, but it is <u>very interesting</u>.
   ⇒ _____

EXAMPLE ANSWER → p.292

very の言い換えで瞬間こなれ英語化

really に次ぐお手軽強調表現としてよく使いがちな very ～ という表現。これを別の単語で言い換えてみると秒でこなれ度がアップ◎

例えば I'm very hungry.（すごくお腹が空いた）の代わりに I am famished!（腹ぺコだよ！）と言うとどうでしょう？ 実にこなれ感漂ってますね～。他にも例を見てみましょう。

人の性格や特徴に使える very の言い換え表現

very charming = **mesmerizing** とても魅力的な＝魅惑的な

very shy = **timid** とてもシャイ＝臆病な、気の弱い

very rich = **wealthy** とてもお金持ちの＝豊かな

very cute = **adorable** とてもかわいい＝愛らしい

very kind = **considerate** とても優しい＝思いやりのある

very funny = **hilarious** とても面白い＝愉快な

very stupid = **idiotic** すごくバカな＝愚劣な

very cheap = **stingy** とてもケチな＝倹約家の

very loved = **adored** とても愛されている＝慕われた、愛された

very lovely = **stunning** とても素敵な＝（素敵で）目の覚めるような

very pretty = **beautiful** とてもキレイな＝美しい

very friendly = **affectionate** とてもフレンドリーな＝愛情深い

very mean = **cruel** すごく意地悪な＝残酷な

very brave = **courageous** とても勇気がある＝勇敢な

very talented = **gifted** とても才能がある＝卓越した才能を与えられた

very strong = **unyielding** とても強い＝強硬な

感情や人の状態に使える very の言い換え表現

very proud = **honored** とても誇りに思って＝名誉に思って

very tired = **lethargic** とても疲れた＝無気力な、ぐったりした

very fond = **attached** とても好きな＝肩入れしている

very glad = **overjoyed** とても嬉しい＝歓喜した

very good = **excellent**　とてもよい＝素晴らしい

very happy = **ecstatic**　とても嬉しい＝有頂天な

very exciting = **exhilarating**　とても興奮する＝高揚する

very willing = **eager**　とてもやる気がある＝熱心な

very interesting = **fascinating**　とても興味深い＝魅力的な

very hungry = **starving**　とてもお腹がすいた＝腹ペコな

very scared = **petrified**　とても怖がって＝恐怖した

very afraid = **terrified**　とても怖がって＝慄然とした

very excited = **thrilled**　すごく興奮して＝高揚した

very sad = **sorrowful**　とても悲しい＝悲壮な

very angry = **furious**　とても怒って＝憤怒した

very annoying = **obnoxious**　とても迷惑な、イラつく＝不快な、不作法な

very unhappy = **miserable**　とても不幸な＝惨めな

very upset = **distraught**　すごく取り乱した＝狼狽した

very worried = **distressed**
　とても心配して＝悲嘆にくれて、気が動転して

very painful = **excruciating**　とても痛い＝耐えられない

very hurt = **battered / crushed**　とても傷ついた＝打ちのめされた、砕け散った

very sorry = **apologetic**　とても反省して＝申し訳なさそうな

very confused = **perplexed**　非常に混乱して＝困惑して

very depressed = **despondent**　すごく陰鬱として＝意気消沈して

very tired = **exhausted**　とても疲れた＝疲労困憊な

very busy = **overloaded**　とても忙しい＝過負荷な

状態の説明に使える very の言い換え表現

very dark = **pitch black**　すごく暗い＝真っ暗闇の

very quiet = **silent**　とても静かな＝静寂な

very roomy = **spacious**　とても広い＝広々とした

very shiny = **gleaming**　とても輝いている＝爛々として

very short = **brief**　とても短い＝簡略な

very tall = **towering**　とても高い＝そびえ立っている

very tasty = **delicious**　とても美味しい＝極上の味の

very weak = **frail**　とてもか弱い＝虚弱な、脆い

very wet = **soaked**　すごく濡れた＝びしょ濡れの

very tight = **constricting**　とてもキツい＝締め付ける

very ugly = **hideous**　とても不細工な、不恰好な＝醜い

very special = **exceptional**　とてもスペシャルな＝格別な

very important = **cherished**　とても大切な＝大事にされて

very bad = **atrocious**　とても悪い＝凶悪な

very careful = **cautious**　とても用心深い＝慎重な

very calm = **serene**　とても穏やかな＝静穏な

very loud = **deafening**　とてもうるさい＝耳をつんざくような

very important = **crucial**　とても大切な＝重要な

very open = **transparent**　とてもオープンな＝透明な

very old = **ancient**　とても古い＝古代 / 古くからの

very often = **frequently**　とてもよく（頻度）＝頻繁に

very big = **immense**　とても大きい＝巨大な

very dangerous = **threatening**　非常に危険な＝脅迫的な

very clean = **spotless**　とてもキレイな＝完璧な、一点のくもりもない

very fancy = **lavish**　とても高級な＝贅沢な、豪華な

very limited = **finite**　すごく限られた＝有限の

very little = **tiny**　とても小さい＝極小の

very long = **extensive**　とても長い＝広範囲の

very far away = **distant**　すごく遠い＝遠隔の

very fast = **quick**　とても速い＝機敏な

very quick = **rapid**　とても速い＝急速な

very crowded = **bustling**　非常に混雑している＝賑やかな

very bright = **luminous**　とても明るい＝光り輝く

very cold = **freezing**　とても寒い＝極寒の

very colorful = **vibrant**　とてもカラフルな＝鮮やかな

very lively = **animated**　とても生き生きしている＝躍動的な

very neat = **immaculate**　とても整っている＝欠点ひとつない（完璧な）

very expensive = **costly / premium**
　とても高価な＝値が張る、プレミアつきの

very conventional = **conservative**　とても伝統的な＝保守的な

自分の感想を述べる時に使える very の言い換え表現

very difficult = **challenging / demanding**
　とても難しい＝困難な、要求の多い

very valuable = **precious**　とても価値のある＝貴重な

very accurate = **exact**　とても正確な＝精密な

very clever = **brilliant**　とても賢い＝聡明な、素晴らしい

very easy = **smooth**　とても簡単な＝スムーズな

very creative = **innovative**　非常に創造的な＝革新的な

very realistic = **practical**　とても現実的な＝実用的な

very deep = **profound**　とても深い＝感慨深い

very beautiful = **exquisite**　とても美しい＝えもいわれぬ

very boring = **dull**　とても退屈な＝鈍重な

very fierce = **relentless**　とても激しい＝容赦ない

very simple = **basic**　とてもシンプルな＝ベーシックな

very serious = **grave**　とても真剣な＝深刻な

very necessary = **essential**　とても必要な＝必要不可欠な

very sure = **certain**　すごく確かな＝確実な

very detailed = **meticulous**　とても凝っている＝綿密な

very powerful = **compelling**　とても力強い＝説得力のある

very dull = **tedious**　とても退屈な＝単調な

比喩を使ったおもしろ盛り表現

🔊 66

　特徴のある盛り方をしてクスッと笑いを取りたいのであれば、大袈裟な例えを使った比喩表現がオススメです。英語では hyperbole と呼ばれ、会話のスパイスとして大活躍しますので、こちらも是非使ってみてください。

I'm so hungry I could eat a horse.
お腹が空きすぎて馬 1 頭食べられそう。

She's as old as the hills.

彼女、多分そこらの山と同じくらいの年齢（高齢）だと思う。

I walked a million miles to get here.

ここに来るのに 100 万マイル歩いたわ。

She can hear a pin drop from a mile away.

彼女、（めちゃくちゃ地獄耳だから）1 マイル先でピンが落ちる音も聞こえると思うよ。

I died of embarrassment.

恥ずかしすぎて心肺停止した。

His brain is the size of a pea.

彼の頭は多分小豆大だと思う。（アホすぎて）

I have a ton of papers to grade.

1 トン分の採点をしなきゃいけないんだよね。

That runner's faster than the speed of light.

あの人、めちゃくちゃ足速くない？ 光の速さだよ。

My parents are going to kill me when they find out.

これ、親にバレたらぶっ殺される案件。

I'm dying of starvation; when's dinner?

マジで餓死寸前なんだけど、ご飯まだ？

That documentary went on forever.

あのドキュメンタリー、一生終わらないかと思った。

Our car cost us an arm and a leg.

この車、腕やら足やら売ってやっと手に入れたんだよね。（めちゃくちゃ高かった）

It's so hot you could fry an egg on the sidewalk.

暑すぎて、多分歩道で目玉焼きが焼けるよね。

She's so sweet you could get a cavity from talking to her.

彼女、優しすぎて、話すと溶けちゃいそうだよね。（甘すぎて虫歯になっちゃう）

I was so ashamed; the Earth swallowed me up.

恥ずかしすぎて、地中に飲み込まれたわ。

I've told you a million times, pick up your dirty socks.

もう百万回言ってるけど、汚れた靴下をその辺に置いとかないで。

She knocked it out of the park with that speech.

彼女のスピーチ、（最高すぎて）場外ホームランって感じだったね。

He has the memory of an elephant.

彼、ゾウ並みの記憶力があるよ。（記憶力がいい）

That book is a real doorstopper.

あの本、ドアストッパー並みに重いよね。

I had to walk to the ends of the Earth to find it!

地球の果てまで行ってやっと見つけたんだよ、これ。

I'm as thirsty as a camel.

喉が渇きすぎて、ラクダになりそう。

I got my math test back, and it was dipped in blood.

私の数学のテスト、血みどろになって返ってきた。（赤ペンで）

I haven't seen them in ages.

彼らと、もう何十年も会ってないよ。（久しぶり）

I thought that lecture would never end.

あの講義、一生終わらないかと思った。

She eats like a bird.

あの子の食事量、小鳥並みだよね。（少食）

I've seen that movie a thousand times.

その映画、もう何千回も見た。

I'm drowning in work.

仕事量が多すぎて溺死寸前。

He talks a mile a minute.

彼って分速１マイルのスピードで話すよね。（早口）

I'm so tired I could sleep for a million years.

疲れすぎて百万年くらい眠れそう。

I slept like a brick last night.

昨夜はレンガみたいに眠りこけたわ。

My mom always makes enough food to feed an army.

オカンが料理する時って、軍隊を養えるくらい大量に作るんだよね。

LET'S PRACTICE!

練習してみよう！

　次の質問に対して思い浮かぶ回答を簡単な文でサッと書いてみます。そのあと盛り表現を使ってドラマチックに書き直してみましょう！

1）What was the hardest thing you did recently?

　　パッと浮かんだ答え： _____

　　盛り表現を使って書き直すと？⇒ _____

　　_____

2）What made you laugh recently?

　　パッと浮かんだ答え： _____

　　盛り表現を使って書き直すと？⇒ _____

　　_____

3）What is your favorite item you bought recently?

　　パッと浮かんだ答え： _____

　　盛り表現を使って書き直すと？⇒ _____

4）Describe when you got scared recently.

　　パッと浮かんだ答え： _____

　　盛り表現を使って書き直すと？⇒ _____

　　_____

5）Describe a time when you got really excited recently.

　　パッと浮かんだ答え： _____

　　盛り表現を使って書き直すと？⇒ _____

　　_____

EXAMPLE ANSWER → p.292

コツ #4　華麗なパスを出す = 他の人に話を振る

　トーク上手な人は、自分の話だけでなく、場を回すのもとってもスマートにこなすと思いませんか？ そんな風に華麗にパスを出しながら、他の人に話を振る時のフレーズとして一番シンプルなのは How about you? や What about you?（あなたは？）などの質問。もし自分の話が少し長くなってしまったかな…と感じた時は Enough about me. How about you?（まあ、私の話はこのくらいにして、あなたはどう？）と言うのも自然です。

　またよく耳にするのが But yeah. という仕切り直しの言葉。これは直訳すると「でも、そう」ですが、ニュアンスとしては「ま、そんな感じ」といった具合で、話を終わらせて次の話題に移る時にカジュアルに使えます。 Chapter 01 でご紹介した挨拶フレーズや、Chapter 04 でご紹介した Open-ended Question を参考にするとスムーズに華麗なパスが出しやすくなると思うので、是非見直してみてくださいね！

　マインドセット面では、何の話をしている時に相手の反応がよいか、複数人で会話をしているなら誰の発話が少ないか、その場にいる人たちの共通点は何かなどに注目してみると、自然と会話のパスを出しやすくなります。困った時はそういうことを観察してみましょう。

PART

会話の基礎体力をつける

3

06 日ごろからやっておきたい、こなれ英語の基礎練習

コツ#1 インプットの質を上げて 言葉の匠になる

　ほ～！ なんてスマートな言い回しなんだ!! と周りに関心されちゃうような言葉をタイミングよく繰り出していく「こなれ英語」の達人になるには、やはり素敵な表現や面白い表現のストックが必要になってきます。つまり、まずは「インプット」をすることがとても重要です（ない袖は振れないですからね）。しかし「インプット」と聞くと、なぜか「英字新聞や洋書を読まなきゃ…！」と気負う方が多いのですが（英語学習者あるあるですよね！）、是非あなたが普段見ている英語のコンテンツを最大活用してほしいです。

　YouTube 動画、SNS の投稿、海外ドラマ、洋画、アニメ、英会話レッスン、ポッドキャストなどなど、きっとあなたの日常生活の中で、どれか１つは触れていると思うんです。せっかく手持ちの素材があるのだから、これをインプットに活かさない手はありません。そしてこれらを「質のよいインプット」に昇華させていくのに必要なものはただ１つだけ：あなたの意識です。

　例えば海外ドラマを見る時には「素敵な表現が落ちてないかな？」とか「初めて聞くオシャレな表現はないかな？」「これはどんなシチュエーションで使えそうかな？」と意識してみる…ということです。

　「なんだ、そんなことかよ…」と思ったかもしれませんが、「意識的に問

いを持つ」というのは学習の質を上げる一番効果的な方法なのです。

インプット意識高い系になりたい方はメモのご用意を…

「意識するっていったって、それができないから困ってんじゃん？」と思いましたよね？　これを解決したい方は、是非メモのご用意を…！

メモのご用意をされました？　手元にメモ帳・裏紙・スマホがありますか？

…おめでとうございます!!!　あなたの意識はこれでアップデートされました！　以上です！

メモの用意をするだけで、自然と「情報をキャッチしよう!」とインプットアンテナの感度が爆上がりします。ということは、ひっかかる情報が必然的に激増します。つまり、わざわざ使うソースの「量」を増やさなくても、すでにあなたの身の回りにある英語の素材から最大限に学べるということです。

ただ、もちろんメモして満足しただけでは、その表現が使えるようになるわけではないので、ひと工夫加えてみるのがオススメ。

SAKURACO 式・メモの取り方
　私がメモをする時は、必ずアウトプットがセットになるように工夫しています。画像のように左側のページには拾ってきた文、右側のページにはその文を自分なりにアレンジした例文を書き込んでいきます。

251

ちなみに、お手本の文を観察し、真似してオリジナルの文を書くという練習は"Mentor Sentence"と呼ばれ、アメリカの学校でも取り入れられている方法です。

下の画像のように、自分の言葉で説明したり、関連する単語などを一緒に書き出せるようなメモを作ってもよいと思います。

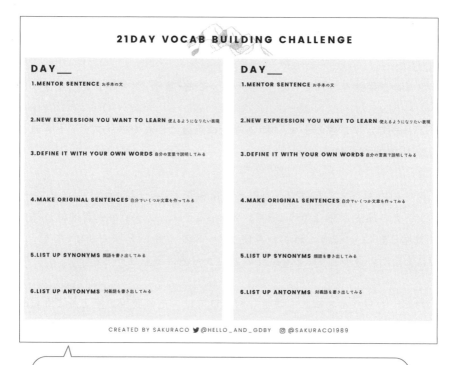

このメモ帳は私のウェブサイトより無料ダウンロードしていただけます。
https://helloandgoodbyecraft.com/21day_vocab

デジタル派の人はスマホのメモ帳に蓄えていってもいいですね。私は他の英語学習者さんにシェアしたい！と思った文はスマホでメモをして、Twitterでオリジナルのハッシュタグ #SAKURACOの気まぐれ英語 #エモ英文 などで発信しています。ツイートする時に自分の言葉で説明したり訳をつけるので理解と記憶への定着が深まるし、他の英語学習者さんともつながれて一石二鳥です。

ツイートし終わったものは
チェックを付けて管理。

こんな表現は覚えても意味ないかも？
と思った時は発想の転換チャンス

　難しい単語やちょっと遠回りな比喩表現など、いわゆる「日常会話表現」から少し遠い表現に出会った時、「これは使わないかな！？」とか「こんなの覚えても仕方ない」と感じることもあるじゃないですか。でも「意味がないから」と耳や目のシャッターを閉店ガラガラっとしてしまうのは、実は自分の学びの幅を狭めてしまっているということでもあるんです。

　人間の脳は何か新しいことを学ぶと、神経回路が別の神経回路につながり新しい回路を作るそうです。つまり新しい知識を自分がすでに持っている知識と紐付けることで学びが定着していくので、自分の中に知識が増えれば増えるほど、新しく仕入れる情報がくっつく取っ掛かりが増えるわけです。逆に言えば、今仕入れる知識を減らしてしまうと、未来の学びの可能性の芽を摘み取ってしまうのです。

　だから「こんなの覚えても仕方ない」ではなく、「これは自分にどう役立

つかな？」「どういうアレンジを加えたらよさそうかな？」などの視点で考えてみてほしいです。分解して新しい文を作り直すことかもしれないし、そこから連想される単語を使うことかもしれない。どういう最終形態に着地するかは問題ではないので、とにかく「角度を変えて見る」というのがポイントです。

このように「多角的な視点で観察し、自分で考える」というチャレンジを繰り返すことで「自分に関係のないもの、理解できないもの」と「自分の知っていること」の間に共通点を見出して理解するという共感（≠同意）スキルも鍛えられるので、どんどんこなれ会話上手になっていくはず◎

是非身の回りに落ちている英語素材をくまなくキャッチ＆活用してくださいね！

［SAKURACO メモからシェア］
細かすぎて笑えるとっておき日常ジョーク表現

🔊 67

せっかくなので、私が思わずメモった細かすぎて笑える日常ジョーク表現を少しシェアしますね！ それこそニッチ過ぎて使う機会がないかも？と最初は思っていましたが、こういう表現も積極的にインプットするようになって、ネイティブがくり出すジョークに一緒に笑ったり、自分から笑いを取ることも（ときどきですが）できるようになり、より英語の会話が楽しくなりました。是非参考にしてみてください。

☞ 高額な商品を見て一言
Well, I guess I'm gonna have to sell my kidney.
あ〜こりゃ（お金が無さすぎて）腎臓売らないとダメだわ。

☞ 自分にとってジャマなものを薦められた時に一言

I need X like I need a hole in the head.

X は十分すぎるほど足りてるわ。

> ＊「頭に穴が必要なのと同じくらい X が必要だよ＝まったく必要でない」という意味。ダイエット中に「ドーナツ食べる？」って言われた時などにも使えます。
>
> 例：A: Hey, do you wanna go shoe shopping?
> ねえ、一緒に新しい靴を買いに行かない？
> B: Yeah ... I need new shoes like I need a hole in the head.
> いや、もうすでに買いすぎてる…。

☞ 絶体絶命の危機を乗り越えて一言

My life literally flashed before my eyes.

今までの人生が走馬灯のように駆け巡ったよ。（死を覚悟したよ）

> ＊ life flash before one's eyes ＝「人生が走馬灯のようによぎる」という意味。それに literally（文字通り）という表現を足してあげることで、さらに状況が強調されます。
>
> 例：My life literally flashed before my eyes when my boss called me into his office.
> 上司のオフィスに呼ばれた時、本気で死を覚悟したわ。

☞ 自分の行動について何か突っ込まれたり、変なの〜と揶揄された時に一言

I have my own reasons.

私には私の事情があるのさ〜。

> ＊ポイントは「にやり(◡‿◡)」とドヤ顔で訳あり風情を醸し出すことです。

☞ やらかしてしまった時に一言

I'm gonna go bang my head against the wall for the next 48 hours.

ちょっと一回逝ってくるわ。

> ＊直訳は「今から48時間くらい、壁に頭を打ちつけてくるわ」です。何か凡ミスをやらかしてしまった時や、同じ話を何度も聞かされてウンザリしている時などにどうぞ。

☞ うわ出た〜!! ウザ〜!! って時に一言

X extravaganza!

> * extravaganza は「奇抜な（演劇などの）ショー」という意味ですが、あえて、どうでもよいことに対して使うことで「〜騒ぎ」と皮肉るニュアンスになります。
>> 例：Ugh. Here we go again with his whole "put all the corners of the papers together" extravaganza.
>> うわ〜、あいつ恒例の「書類の角を揃えろ」騒ぎが始まった〜。（超ウザい）

☞ んなわけあるかい！ってノリツッコミしたい時に一言

X ... Said no one ever!

X だよね〜…って、んなわけあるかい！

> * 直訳すると「誰も X と言ったことがない」ですが、いわゆる「ノリツッコミ」としてよく使われます。
>> 例：I love writing reports ... Said no one ever.
>> レポート作るのって楽しいよね〜…って、んなわけあるかい。

☞ 心の底からやりたくないことをやらなきゃいけない時に一言

It physically pains me to do this.

（嫌すぎて）物理的に痛みを感じるレベルだわ。（白目）

> * なぜわざわざ physically と付けるかというと「it pains」だけだと「心が痛む」という意味になるからです。心だけでなく、体も痛むほどの苦痛！と大げさな比喩を使ったオモシロ表現。

☞ まじ無理ィ…って時に一言

I'm genuinely getting nauseated.

（嫌すぎて / 嫌いすぎて）ガチで吐き気が…。

> * genuinely =「正真正銘」という意味ですが、「ガチで」という意味合いで使えます。本当に吐き気をもよおしていると勘違いされないためにトーンなどで皮肉っぽさを醸し出しましょう。
>> 例：My boss sent me the presentation material and it's like encyclopedia-thick. I'm genuinely getting nauseated.
>> 上司が百科事典くらい分厚いプレゼン資料を送りつけてきたんだが。ガチで吐きそう。

☞ えー？ それは無理なんじゃない？と疑われた時に一言

Challenge accepted.

その挑戦、受けて立とうじゃねえか。

> *自分と対立する意見を言われた際に「あなたが間違っていると証明してみせますよ」的
> な感じで言います。ポイントはハリウッド映画で、ライバルに挑発された主人公が、「つ
> いに…練習した秘技を披露する時がきたな」とばかりにニヤリとするシーンを思い浮か
> べながら、思い切りドラマチックな抑揚で Challenge ... accepted ... と言うことです
> かね！
>
> 例：A: Wow, this is wayyy too much food. I don't think we can eat it all.
> うわ、すごい量。こんなに食べられないよね？
>
> B: Challenge accepted.
> その挑戦、受けて立とう…。

☞ 無駄な行為に「意味なくない？」とツッコミたい時に一言

Yeah, like that's gonna do anything.

うん、そんなの意味ないけどな。

> *肯定文に見えますが like が付いていることで「まるで」と仮定の話になっているのが
> ポイント。直訳すると「まるでそれが意味のあることのようだ」。
>
> 例：A: I saw a rat in the cupboard, so I put a picture of a cat on the door.
> 食器棚にネズミがいたから、扉に猫の写真貼っといた！
>
> B: Oh, yeah, like that's gonna scare the rat away.
> それでネズミが追い払えるわけなくね？

この like that's gonna 〜は非常に汎用性の高い皮肉コメントで、いかようにもアレン
ジもできます。

> 例：Yeah, like that's gonna change his mind.
> そんなんで彼の考えが変えられるわけなくない？
>
> Yeah, like that's gonna make things better.
> そんなんで物事が好転するわけなくない？
>
> Yeah, like that's gonna make me rich.
> そんなんでお金持ちになるわけなくない？

☞ 褒められた時に一言

Are you just now realizing that?

えっ、今頃気づいたの？

> *信じられない！！と心底驚いた風に言ったり、髪の毛を肩から払う仕草を加えて高飛車
> 感たっぷりに言ってみましょう。

☞ ベタな展開になったら一言

Wow! How original.

はー、なんて独創的なんでしょう。（棒読み）

＊実際は全然オリジナリティのないことに対して使います。特に珍しくもないことを「すごいだろう〜」とドヤ顔で披露してくる人がいたら、こうコメントしてあげてください。

☞ 偉そうに知ったかぶる人をぶった斬りたい時に一言

Genius alert!

はい！天才現る！（意訳：そんなん言われなくても当たり前だわ）

＊誰でもわかることを偉そうに話したり、うんちくをたれる人がいたら、この一言で仕留めましょう。

☞ 自分のことを棚に上げてチクチク言ってくる人に一言

That's so rich coming from you.

あんたに言われたくないわ。

例：A: Hey, you should be on time.
　　　ねえ、遅刻に気をつけた方がいいよ。
　　B: Huh, that's so rich coming from you. You were 30 minutes late this morning.
　　　はっ、あんたに言われたくないわ。今朝30分遅刻してたじゃん。

☞ ウンザリなことがあった時に一言

I rolled my eyes so hard that I saw my brain.

白目剥きすぎて、自分の脳みそ見えたわ〜☆

＊呆れた時やうんざりした時に白目を剥くことを roll one's eyes と言い、「脳みそが見えるほど」という表現を足すことで、激しい呆れ / イラつきを表しています。

例：They told me to print out this document, sign it, then scan it and email it back to them. I rolled my eyes so hard that I saw my brain just now.
　　まずこの書類をプリントアウトして、手書きで署名したら、それをスキャンしてメールで送り返せ、だって。今（呆れたあまり）白目剥きすぎて自分の脳みそ見えた〜〜。

☞ 自分の非を認めずに言い訳ばかりしている人を見た時に一言

Yeah yeah. Tell it to the judge.

はいはい、言い訳は裁判官へどうぞ。

* Yeah yeah. は日本語の「はいはい」と相手をあしらうニュアンス。
    例：A: Sorry I'm two hours late, but my alarm didn't work
        2時間も遅刻してゴメン、アラームが鳴らなくてさ～。
      B: Yeah yeah, tell it to the judge.
        はいはい、言い訳はもういいから。

☞ あり得ない…呆れてものも言えない…って時に一言

You gotta be high.

頭でも打った？

* 直訳は「あなたはハイに違いない」。ドラッグでハイになった時のように判断能力が著しく低下していない限り思いつかないような愚行などに対して使います。主語は you 以外でも OK!
    例：They gotta be high to think I'll do any overtime for free.
        サービス残業すると思っているなんて、（会社は）頭でも打ったのかな？

☞ 胡散臭っ…とチクリと刺したい時に一言

Whatever that means.

知らんけど。

* 直訳は「それがどんな意味であれ」。本当に理解していないのではなく、その事柄に対して否定的な気持ちがあり、揶揄しているニュアンスです。
    例：He's a really famous "influencer,"... Whatever that means.
        彼はすごく有名な"インフルエンサー"らしい。（"インフルエンサー"が何なのか）知らんけどw。

☞ ダイエットの話になったら一言

I'm on a seafood diet. I see food, and then I eat it.

私、シーフードダイエットしてるんだ。目に入った（see）食べ物（food）を食べる、それだけ。

* seafood と see food を掛けたダジャレジョーク。

☞ 話がつまらなすぎて死にそうな時に一言

They were boring me to death, and my survival instincts kicked in, so I left.

彼らの話が死ぬほどつまらなくて、生存本能にスイッチが入っちゃってさ。その場を離れずにはいられなかったよね。

☞ 子どもはまだ作らないの？と余計なお世話を言われた時に一言

I'm jealous of my parents. I'll never have a kid as cool as theirs, one who is smart and has incredibly good looks.

私は両親がうらやましいよ。彼らのように、頭がよくてめちゃくちゃ美人 / イケメンな最高な子には、そうそう恵まれないじゃん？

＊言わずもがなですが、子ども＝自分のことです。

☞ 背が低いことをイジられた時に一言

You know what they say — dynamite comes in small packages.

ほら、ダイナマイト（パワフルなもの）は小さいパッケージに包まれているって言うじゃん。それよ。

☞ 散財してしまった時に一言

My wallet is like an onion. Every time I open it, it makes me cry.

私の財布は玉ねぎなのよ。毎回開けるたびに私を泣かせてくるという…。

☞ 本当に変わってるよね～！と言われた時に一言

That just means I'm a limited edition — I'm something you don't see very often!

そうそう、私は限定品みたいなものってことよ。なかなかレアでしょ！

☞ それ、本当に大丈夫なの？と友達に心配された時に一言

Don't worry, if plan A doesn't work, there are 25 more letters in the alphabet.

大丈夫、大丈夫。もしプラン A が上手くいかなくても、アルファベットはあと 25 文字あるでしょ!?（だから何個でも代替プランを立て直せるよ）

☞ ダラダラしてないで出掛けてくれば?と余計なお世話を言われた時に一言

I'm not lazy. I'm just very relaxed.

ダラダラしてるんじゃなくて、全力でリラックスしてるのよ。

☞ 物知り顔で偉そうにうんちくをたれる人に一言

Unless your name is Google, stop acting like you know everything.

あんたの名前ってグーグルだっけ？ 違うなら何でも知っているかのように振る舞うのはやめてくれない？

☞ 何をやっても上手くいかない時に一言

Life is a bowl of soup, and I'm a fork.

人生はボウルに入ったスープで、私はフォークって感じ。

☞ 仕事が終わらない〜！って時に一言

I made a huge to-do list today. I just need to figure out who's going to do it.

やらなきゃいけないことリストはたっぷり作った。問題は誰がやるか、だな。

☞ ストレスやプレッシャーを感じている友達に一言

A diamond is just a lump of coal that did well under pressure.

石炭もプレッシャーがかかればダイヤモンドになるって言うからね。（きっとこれを乗り越えれば素晴らしいものになるよ！）

☞ 深夜の間食について何か言われた時に一言

If you're not supposed to eat at night, then why is there a light bulb in the fridge?

夜中に間食しちゃいけないなら、なんで冷蔵庫に電球がついているわけ？

☞ 誰かに嫌われちゃった時に一言

It's okay if you don't like me. Not everyone has good taste.

私のことが嫌いでもいいよ。みんながみんな趣味がいいわけじゃないからね。

☞ 文句ばかり言っている人に一言

Cancel my subscription — I don't need your issues.

サブスク解除していいかな？ もうあなたのグチの最新号はいらないから。

* issue は「問題」という意味の他に、雑誌などの「号」という意味があります。

☞ ぼーーっとしてた！って言いたい時

Sorry. My brain has too many tabs open.

ごめん。頭の中でタブが開き過ぎてたわ。

☞ クレイジーだ！と言われた時に一言

I don't suffer from insanity. I enjoy every minute of it.

私は狂っていることに苦しんでいるわけじゃなくて、むしろ楽しんでいるよ。

* suffer from 〜＝「〜という病気で苦しむ（患う）」。自分で自分のことを「クレイジーだ」と認めているジョーク。

☞ 励ましたい時に一言

Whatever you're doing, always give 100 percent unless you're donating blood.

何をするにしても、常に100パーセントの力を出せば上手くいくよ、献血以外はね。

☞ めちゃくちゃムカついた時に一言

My middle fingers are standing in salute.

私の中指が敬礼してるわ。

☞ ちょっと辛いことがあった時に気分を明るくする一言

I always take life with a grain of salt. Plus, a slice of lemon. And a shot of tequila.

私はいつも人生をあまり真剣に考えすぎないようにしているんだ。一杯引っ掛けるみたいなノリでね。

* 直訳すると「人生を一粒の塩と一緒に取る。レモンのスライスと一杯のテキーラも一緒に」となりますが、take something with a grain of salt で「〜を話半分で聞く / 真剣に受け取らない」という意味になります。

☞ ダイエットの話になったら一言

I don't have fat. I have a protective covering for my rock-hard abs.

脂肪じゃないよ。腹筋を守るための層が厚いだけ！

☞ 料理嫌いさんの一言

I read recipes the same way I read science fiction. I get to the end, and I think, "Well, that's not going to happen."

レシピを読む時って、SF 小説を読んだ時と同じ感想になるんだよね。最後まで読み終わったら「これが実現するわけない」ってね。

☞ 金欠の時に一言

Money talks. But all mine ever says is goodbye.

「お金がものを言う」って言うけれど、私のお金は「サヨナラ」しか言わないんだよね。

☞ ヨガにハマっている友達に一言

I'm skeptical of anyone who tells me they do yoga every day. That's a bit of a stretch.

ヨガを毎日やっている人の話を聞くと「本当に〜？」って思うよね。それってちょっと無理があるじゃん。

　＊ That's a stretch. は「無理がある / 言い過ぎだ」という意味のイディオムです。
　　 stretch ＝「ストレッチ」と掛けてあります。

☞ 悪気なく人に迷惑をかけちゃうタイプの人を見て一言

A clear conscience is usually a sign of a bad memory.

自責の念がない人って、記憶力が悪いだけだと思う。

☞ 心配しすぎだよ！って言われたらカウンターに一言

Worrying works! More than 90 percent of the things I worry about never happen.

心配ばかりするのって、結構効果があるんだよ！ だって私が心配することの90 パーセント以上は起こらないもん。（これは心配することの効能に違いない！）

　＊天然か！と突っ込まれるでしょう。

☞ 態度デカくない？とイジられたら一言

I don't have an attitude problem. You have a perception problem.

私の態度は悪くないよ。あなたの受け取り方の問題なんじゃない？

☞ マクドナルドに行ったらここぞとばかりに一言

Money can't buy you happiness? Well, check this out. I bought myself a Happy Meal!

お金で幸せは買えないと言うけれど、ほら見て、ハッピーセットは買えたよ！

☞ ダイエットの話になったら一言

The problem isn't that obesity runs in my family. The problem is no one runs in my family.

私が痩せられない理由はウチが肥満家系っていうのは全然関係なくて、ウチの家系は誰も走らないということなんだよなあ。

* run「走る」という単語と、run in one's family「〜の家系である／〜が遺伝している」というイディオムを掛けてあります。

☞ リスクの話になったら一言

You don't need a parachute to go skydiving. You need a parachute to go skydiving twice.

スカイダイビングをするだけならパラシュートはいらないよ。2回行きたいならもちろん必要だけど。（リスクを取るだけなら簡単、重要なのはリスクヘッジできているかどうか）

☞ 悲観的な人のことをイジりたい時に一言

Always borrow money from a pessimist. He won't expect it back.

お金を借りるなら悲観的な人から借りるのがオススメ。返済を期待しないからね。

☞ 優柔不断〜！と言われたら一言

I used to be indecisive. Now I'm not sure.

昔は優柔不断だったんだよね。今はよくわからない…。

* 「昔は…」と話し始めることで、（今は変わったんだな）とにおわせておいて、実は変わってないんかーい！と思わせるオチ。

☞ 色々変わったね〜と思い出話に花が咲いたら一言

Change is inevitable — except from a vending machine.

変化は避けられない。自販機のお釣り以外は。

> * change は「変化」という意味の他に「お釣り」という意味があるので、この２つを
> 掛けたジョーク。

☞ 陰キャ・陽キャの話になったら一言

At every party, there are two kinds of people: those who want to go home and those who don't. The trouble is, they are usually married to each other.

どのパーティーでも必ず２種類の人間がいるよね。早く帰りたい勢と、残っていたい勢。問題は、大体その２人が夫婦なことが多いってこと。

☞ 今月（お金が）ピンチ！ という時に一言

I have all the money I'll ever need — if I die by the end of this month.

一生遊んで暮らせる分の蓄えはあるよ。もし今月末までに死ねば…の話だけど。

☞ 苦手な人が去ってホッとした時に一言

Some cause happiness wherever they go. Others whenever they go.

周りを自然と笑顔にするタイプの人と、その人がいなくなると周りが自然と笑顔になるタイプの人がいるよね。

☞ ダイエットの話になったら一言

I've burnt 2,000 calories in an hour before. I left brownies in the oven while I napped.

私１時間で2000カロリー燃焼したことあるよ。オーブンでブラウニーを焼いている間に昼寝しちゃってさ。

> * burn calories「カロリーを燃焼する」と、burn「食べ物を焦がす」を掛けたジョーク。

☞ 週末は何してたの？と聞かれた時に一言

I spent an entire weekend looking for my TV controller. It was hidden in a remote location.

週末はずっとテレビのリモコンを探していたよ。すんごい遠いところに隠れてた。

*テレビの「リモコン」remote controller と「遠隔地」remote location を掛けたジョーク。

LET'S PRACTISE!
練習してみよう！

p.254 ～ 266 からあなたが使ってみたい「ジョーク」フレーズを選び、あなたの過去の経験からこのフレーズがピッタリだった場面を書き出してみましょう。

使ってみたいフレーズ： _____

_____

シチュエーション： _____

_____

EXAMPLE ANSWER → p.293

コツ #2 発想貯金をしておく

　この本を手に取ってくださったあなたは、きっと今まで「英語だと表面的な会話になりがちで、突っ込んだ話ができない…」というモヤモヤを経験されたのではないでしょうか？ もっと仲良くなりたい、もっと意義のある会話をしたい！と思っているのに、言語の壁が立ちはだかっている。こんなに歯がゆいことはないですよね。でもこれって実は「どう言ったらいいかわからない」という How の語彙力や表現力の問題ではなく、そもそも「何を言ったらいいのかわからない」という What の部分が不足している場合も多いのではないかと思います。

How to Say, What to Say

ここでちょっとイメージしてみてほしいのですが、How（どう言うか）が 100 円玉で、What（何を言うか）が 1 万円札だとします。

お買い物に行く時に、100 円玉をジャラジャラと持ち歩くのと、1 万円札を懐に忍ばせておくのとでは、どちらの方が無敵感を得られますか？もちろん 1 万円札ですよね。1 万円分の 100 円玉を持ち歩くこともできるけれど、重いし、支払いにモタモタしちゃいます。

つまり How（どう言うか）だけで会話に対応しようとすると、ちょっと大変だし不便。そこで What（何を言うか）という発想を貯め込んでおけば、いろんな局面でスマートに対応できる。まさに最強のこなれ英語術です。

STEP 1：Why ＝会話の意図をつかむ

■ Why You Say It

What（何を言うか）というコメントの発想を貯めようと思った時、「何を言うべきか」という会話の正解みたいなものを考えたくなってしまいますが、そうではなくて［Why］に注目してみてほしいです。「なぜ（相手や自分が）この発言をするのだろう？」と自分に問いながら、そのやりとりの「意図（目的）」を洗い出していく。そうすれば何を言うかという発想が自然に浮かんできやすくなります。さらに会話の意図がきちんと汲めると、トンチンカンなことを言って場を凍りつかせてしまう…なんてオソロシイ事態も回避できます！

とはいえ現実的には、会話中に「この発信の意図は…??」なんて考え込む時間はないよ…と感じますよね。そこで、一緒に例を確認しつつ、予行練習をしていっちゃいましょう。

例えば会話の中で、こんな質問をされた場合

Which of your family members are you most like?
一番性格が似ていると思う家族のメンバーは誰？

これに対して I'm not really like anyone in my family ...（別に誰とも似てないかな～）って返答しても一応会話は成り立ちますよね。聞かれたことにちゃんと答えているし、英語の文法もバッチリ。でも会話を盛り上げるという観点から見ると、ちょっと惜しい感があるじゃないですか。では巻き戻って Which of your family members are you most like? という質問の意図（目的）を想像してみるとどうでしょう？ 考えられるのは「こちらの性格の特徴をつかみたい」とか「家族構成を知りたい」とかだと思います。

ということは、「誰に似ているか」はそれほど重要ではなく、「自分の性格についての情報、もしくは家族についての情報をシェアする」というのがキーになってきそうです。それを踏まえると、例えば I'm not really like anyone in my family, because they are **all super quiet**, and I'm **really outspoken**!（うちの家族は皆、本当に静かなタイプで、私だけ口から生まれたの？って感じだから誰とも似てないんだよね！）みたいに質問の意図を汲んだナイスなコメントが生まれやすくなるはずです。

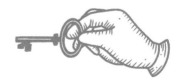

他にも Why are they saying it? を観察してみるとこんな感じ

パターン1

Which of your family members are you most like?

一番性格が似ていると思う家族のメンバーは誰？

⇒［考えられる意図］：こちらの性格の特徴をつかみたい / 家族構成を知りたい / 親子関係や家族関係に探りを入れたい

パターン2

What's your biggest regret?

今までで一番後悔したことは何？

⇒［考えられる意図］：失敗談を通して共感したい / こちらの価値観を知りたい / こちらの今までの人生の道筋を知りたい

パターン3

How's work?

仕事の調子はどう？

⇒［考えられる意図］：こちらの近況が知りたい / 話の取っ掛かりがほしい / 仕事の話をしたい

　もちろんシチュエーションや相手との関係性（初対面の人なのか、同僚なのか、面接官なのか、友達なのか）などによって Why も変わってくるので、色々な場面で想像してみてください。

LET'S PRACTICE!

練習してみよう！

例題のように、次の質問の意図を想像して書き出してみましょう。

1）What do you like to do in your free time?

暇な時は何をしているんですか？

⇒考えられる意図：＿＿＿＿＿＿＿＿＿＿＿＿

＿＿＿＿＿＿＿＿＿＿＿＿＿＿＿＿＿＿＿＿＿＿＿

2）How was your weekend?　週末どうだった？

⇒考えられる意図：＿＿＿＿＿＿＿＿＿＿＿＿

＿＿＿＿＿＿＿＿＿＿＿＿＿＿＿＿＿＿＿＿＿＿＿

3）What are your dreams?　あなたの将来の夢は？

⇒考えられる意図：＿＿＿＿＿＿＿＿＿＿＿＿

＿＿＿＿＿＿＿＿＿＿＿＿＿＿＿＿＿＿＿＿＿＿＿

EXAMPLE ANSWER → p.293

STEP 2：シミュレーションで発想貯金！

　次は、会話の目的に沿って「自分なら何て言うかな？」とシミュレーションをしながら、しっかりと発想を貯金＝記憶に定着させていきましょう！

> "Adult Learning Theory"（アメリカの教育学者 Malcolm S. Knowles によって広められた成人教育論）によると、大人は自分の生活ですぐに使える情報を優先的に覚える習性があるので、実際に自分が使っているところを想像できると記憶定着率がアップするそうです。

パターン1

Which of your family members are you most like?

一番性格が似ていると思う家族のメンバーは誰？

⇒［考えられる意図］：こちらの性格の特徴をつかみたい / 家族構成を知りたい / 親子関係や家族関係に探りを入れたい

➡ あなたなら何と答えますか？

──回答例──

I am actually just like my father. He's a class clown, and so am I.

（私はおちゃらけ者のお父さんにソックリだと思う）

パターン2

What's your biggest regret?

今までで一番後悔したことは何？

⇒［考えられる意図］：失敗談を通して共感したい / こちらの価値観を知りたい / こちらの今までの人生の道筋を知りたい

➡ あなたなら何と答えますか？

──回答例──

I dropped out of college. I really wish I had finished it.

（大学を中退したことかな〜。卒業しておけばよかったよ）

271

How's work?

仕事の調子はどう？

⇒ ［**考えられる意図**］：こちらの近況が知りたい / 話の取っ掛かりがほしい / 仕事の話をしたい

➡ あなたなら何と答えますか？＿＿＿＿＿＿＿＿＿＿＿＿＿＿＿＿＿＿＿＿

＿＿＿＿＿＿＿＿＿＿＿＿＿＿＿＿＿＿＿＿＿＿＿＿＿＿＿＿＿＿＿＿＿＿

┌─ 回答例 ─
I took on a new project and it's been really pushing me out of my comfort zone.（新しいプロジェクトにかかわっててさ、コンフォートゾーンからゴリゴリ押し出されてる感がすごいよ）

LET'S PRACTICE!

練習してみよう！

　　p.270 であなたが書いた会話の意図を意識しながら、返事を考えてみましょう。

1）What do you like to do in your free time?

　　暇な時は何をしているんですか？

➡ あなたなら何と答えますか？ _____

_____

2）How was your weekend?　週末どうだった？

➡ あなたなら何と答えますか？ _____

_____

3）What are your dreams?　あなたの将来の夢は？

➡ あなたなら何と答えますか？ _____

_____

EXAMPLE ANSWER → p.293

上級シミュレーション：なりきりトレーニング

　最後は「他の人だったら何て答えそうかな？」と想像していく、なりきりトレーニングにチャレンジしてみましょう。違うバックグラウンドの人の答えを想像していくと、色々な会話のバリエーションがイメトレできるので、さらに What（何を言うか）の発想の幅が広がっていきます！

パターン1

Which of your family members are you most like?
一番性格が似ていると思う家族のメンバーは誰？

想定相手：＿＿＿＿＿＿＿＿＿＿

想定相手は何て答えると思いますか？　＿＿＿＿＿＿＿＿＿＿＿

回答例
想定相手：新入社員の山田くん
想定相手の答え：I'm not really like anybody. I guess I'm the black sheep in the family!（誰にも似てないんだよね～。もしかしたら養子だったのかも）

パターン2

What's your biggest regret?　今までで一番後悔したことは何？

想定相手：＿＿＿＿＿＿＿＿＿＿

想定相手は何て答えると思いますか？　＿＿＿＿＿＿＿＿＿＿＿

回答例
想定相手：飲み友達のトモちゃん
想定相手の答え：I really regret dating that jerk for as long as I did.
（あの最悪な元彼と、あんなに長く付き合ってたことかな）

What are your dreams?　あなたの将来の夢は？

想定相手：＿＿＿＿＿＿＿＿＿＿＿

想定相手は何て答えると思いますか？　＿＿＿＿＿＿＿＿＿＿＿

回答例

想定相手：恋人のケイちゃん

想定相手の答え：I want to open up a mobile book store! You know, kind of like a food truck, but with used books!（私、移動式の本屋さんをやってみたい！ ほら、フードカーみたいなやつで、古本とか売ってるの）

シミュレーションに使える、おまけ Questions

🔊 68

　会話のシミュレーション練習に、こんな会話スターター Questions を使ってみるのもオススメです。質問の意図（Why）と、それに沿って何を言うか（What）をイメージするのをお忘れなく！

If you had to pick any character in a book, movie, or TV show who is most similar to you, who would you choose? Why?
本・映画・テレビなんかで自分に一番性格が似ているな〜と思うキャラクターって誰だと思う？ なんで？

When you were growing up, what was your dream job? Is any part of that still true?
小さい頃、何になりたかった？ いまだに少し（その職業に）なってみたいと思ってる？

What's your biggest fear?
あなたが一番恐れていることって何？

Who is your role model?
あなたのロールモデルは誰？

What's the most embarrassing thing you did at school / when you were a kid?
学生時代 / 子どもの頃にやらかしたことで、一番恥ずかしい思い出は？

What's your plan if there is a zombie apocalypse?
ゾンビが徘徊しているようなこの世の終わりが来たらどうする？

If they made a movie about your life, what would you want the genre to be?
もしあなたの人生が映画化されるとしたら、どんなジャンルがいい？

What's your favorite thing about being a _____?
あなたが _____（その人の肩書きや属性）でいることで一番好きなのって、どんなこと？

What is your kryptonite?
あなたの最大の弱点は何？

Is there something that you've dreamed of doing for a long time?
ずっとやってみたいと思っていることは何？

What mistake have you learned the most from?
過去の失敗の中で一番学びが大きかったものは何？

What is the biggest risk you've ever taken?
今までの人生で背負った一番大きなリスクって何だった？

What is one fear you would like to conquer?
あなたが乗り越えたいと思っている恐怖って何？

What have you read, seen, or listened to that has shaped your life?
今まで読んだり見聞きしたもので、あなたの人生を形作るきっかけになったものは何？

What movies or books have you watched, or read more than three times?
今まで3回以上繰り返し見た映画や読んだ本は何？

If you could go back in time and give yourself a piece of advice, what would it be?
もし10年前の自分に1つだけアドバイスできるとしたら、何て言う？

What message would you put on your billboard for thousands of people to see every day?
万人が毎日見る看板に何でも書いていいよって言われたら、何て書く？

Your house is on fire, and you can save one item. What would it be? *Your pets and family are safe.
あなたの家が火事になって1つだけ救出できるとしたら、何を選ぶ？
＊ペットや家族は無事だったとして。

What is one thing that really helps you when you are feeling down?
あなたが落ち込んでいる時に元気づけてくれるものって何？

What action of yours changed the course of your life?
あなたの人生の方向を変えた行動って何だった？

If a crystal ball could tell you the truth about your life, the world, or anything else, what would you want to know?

もしあなたの人生や世界、何についてでも１つだけ真実を知ることができるとしたら、何が知りたい？

If you knew that in one year you would die, would you change the way you live?

もし１年後に自分が死ぬとわかっていたら、今の暮らしを変えると思う？

When was the last time you felt truly appreciated?

ここ最近で一番あなたが感謝されている／大切にされているなと思ったのはいつ？

Do you make decisions more with your head or your heart?

何かを決める時に、頭で考える派？ それとも心に従う派？

What was the biggest trouble you got yourself in when you were younger?

今までの人生で一番大きな「若気の至り」って何だった？

What is the best piece of advice someone has given you?

今までもらったアドバイスで一番役に立ったものって何？

What three words would people close to you use to describe you?

あなたのことをよく知っている人があなたの性格を３つの単語で表すとしたら、何を選ぶと思う？

What in your life are you most excited about right now?

今、人生で一番楽しいと感じているものは何？

If you didn't have to sleep, what would you do with that time?

もし眠らなくていい体を持っていたら、空いた時間で何がしたい？

Who is the most resilient person you know? What makes them so?

あなたが知っている人の中で一番強いと思う人は誰？ なんでそう思う？

What is your proudest accomplishment?

あなたが今まで達成したことで一番誇りに思っていることは何？

In an ideal world, what would the next year of your life look like?

理想がかなったとして、来年あなたの人生はどんな風になっていそう？

What type of things have you collected in the past?

今までどんなものを収集したことがある？

What is the kindest thing a stranger has ever done for you?

見知らぬ人がしてくれたことで一番心に残っていることは何？

コツ #3 振り返りでアウトプット名人になる

　会話と同時進行で色々観察しようとしても、取りこぼしてしまうことがたくさんありますよね。相手が言っていること、相手の言っている内容の根底にあるニーズ、自分の思考回路、そういったものをリアルタイムですべて把握するのは難しいものです。きっとあなたも誰かと会話したあとに「ああ！ あの時、ああ言えばよかった！」とか「なんであの時、あの質問をしなかったんだろう…！」と悔しい思いをしたことがあると思います。そんな無念を晴らせるリベンジのチャンスがタイムリーに訪れたら最高ですが、現実はなかなかそうもいかないですよね。

　だからこそ、リベンジのチャンスを英語学習の中で作ってあげるのはどうでしょうか？ もちろん頭の中でイメージしたりするのもよいのですが、私が全力でオススメする方法は、自分の会話を録画、もしくは録音する…というものです。

私は、生徒として受講していた英会話レッスンの様子を録画→見返しながらコミュニケーションを観察→改善したいことや改善内容を言語化してメモする…というサイクルを１年ほど続けたところ、英語でのコミュニケーションスキルが飛躍的にアップしました。これは自分の言いたいことを的確に言語化するスキルが磨かれたというのももちろんあるのですが、自分の会話を客観的に観察するという行程を繰り返すことで、リアルタイムでも自分の思考の流れ、相手の言いたいことなどを観察することが、ちょっとだけ上手になったからだとも思っています。

　最初は少し抵抗があるかもしれませんが、是非試してみてほしいです。もし英語で会話をする機会がなくても、１人で話しているところを録画して振り返ってみるのも、とても効果がありますよ。

　（これは自分の英語スピーキング動画を撮って Twitter 上にあげる **#2分スピーチ** という形で私が始めたところ、英語学習者の間でちょっとしたムーブメントにもなりました。詳しいやり方などご興味のある方はチェックしてみてくださいね。）

https://helloandgoodbyecraft.com/two_minute_speech

　ただ最初は振り返るのも「何に注目したらいいかわからない！」「自分の英語すべてが気に入らない…」と投げやりな気持ちになってしまうかもしれません。そんな時は是非、次のフレーズを使って振り返りをしてみてほしいです！

🔊69

What did I do that caught my attention? Do I see patterns in what I did?

気になったことは何？　自分の行動に何かパターンはあった？

What words or expressions did I use that I want to replace? What can I replace them with?

自分が使った単語や表現の中でしっくりこなかったものは？ 代わりにどんな表現が使えそう？

What have I learned about my strength and the areas I want to improve?

自分の強みと伸ばしたいところについて、どんなことがわかった？

What steps should I take to meet my challenges?

伸ばしたいところを鍛えるためには、どんなステップを踏むのがよさそう？

What kind of assistance or resources do I need?

どんなサポートやツールが必要？

What questions do I still have? What do I want to know more about?

どんな疑問が浮かんでる？ 何についてもっと知りたい？

コツ#4　セルフチェックのプロになる

　英語学習って、とにかく自主練習が多いですよね。例えば、この本の中に出てくる練習問題は自分で文章を書くものが多いし、この Chapter でご紹介したインプットやアウトプットのコツも自分でトライして分析するような内容が多かったと思います。こういう自主練をやっていると、どうしても「これで合っているのかなあ？」とか「他にも何かよい答えがありそうな気がする…」という気持ちがムクムク湧いてきますよね。そんな時は周りの英語学習者仲間や英会話の先生に質問をぶつけてみるのもよいと思います。ただ、そういうサポートがない状態の時もあるじゃないですか。そんな孤軍奮闘組に朗報です！ 自分の英語をセルフチェックできちゃう

ツールやサービスがこの世にはたーくさんあるのです！

ということで、私の個人的なオススメツールをご紹介します！

■ 最適表現を見つける

文章を書きながら「○○って何て表現するんだろう？」「もっと違う言い方はないかな？」と思ったタイミングで大活躍するツール。

DeepL : 超高性能な自動翻訳サービス

他の機械翻訳に比べても、驚くほど自然な翻訳を提案してくれます！

QuillBot : オールインワンの英文添削ツール

翻訳、文法チェックというベーシックな機能に加え英文の書き換え（Paraphrase）をしてくれる神機能が搭載されているのが特徴です。自分の英語に満足できない時、パラフレーズ機能を使えば秒でいい感じの文章に生まれ変わるので大感動しますよ。（さらに要約の作成もしてくれるので、リーディングにも役立ちます！）

DMM 英会話なんてuKnow?

大手オンライン英会話サービス「DMM 英会話」が運営する英語に特化したＱ＆Ａサイト。自動翻訳とは違い生身の人間が回答してくれるので、細かいニュアンスやシチュエーションに沿った表現を直接質問できるのが◎。

Power Thesaurus

Chapter 05 でも紹介した、私イチオシの類語辞典です。Wikipedia のようなクラウドソーシング型の辞典なので口語表現やちょっと長めの慣用句のカバー率が非常に高く、かゆいところに手が届きます！

Related Words

　連想語辞典。類語ではないけれど、なんとなく似たようなシチュエーションでよく使われるあの単語…！など、検索をかけにくいもどかしい場面で大活躍してくれます。

■ 自然度をチェックする

　調べた表現を実際に使ってみたけど、本当にこの使い方で合っているのかな？と思った時は、この３つをコンボ使いしましょう。

Google "クオテーション" 検索

　単語検索に強い Google は、文が長いとヒットしにくくなるのがネックです。そこで文を ""（クオテーションマーク）で囲むと、完全に一致した文章を検索できるので、他の英語話者との「答え合わせ」が可能に。

　特定の単語や表現を他の英語話者がどんな風に文章の中で使っているか知りたい場合は Twitter の「高度検索フィルター」がオススメです。検索窓で調べたい語句を ""（クオテーションマーク）で囲み、lang:en とタイプして検索言語を英語に指定します。

　例）"lowkey" の用法を調べたい場合はこんな感じで検索します。
　　 "lowkey" lang:en

Ludwig.guru：英文検索エンジン

　Ludwig で文や語句を入力すると、信頼できるソースから例文を引っ張ってきてくれます。（信頼できるソースというのは The New York Times や科学専門誌など校閲と編集がしっかり施されているもの）

　検索コマンドが豊富なので、この名詞に対して自然な動詞は何？とか、HAVE a shower? TAKE a shower? どっち？とか、英語学習者全員が一

度は「これ、どうやって検索すればいいんだ…?」と思ったことのある疑問が Ludwig のコマンド検索で解決できます。

Grammarly：超王道文法チェッカー

　Grammarly のサイト上で英文を打ち込めば（コピペも OK）自動的にサクサクと添削箇所をハイライト & 訂正案を表示してくれます。スペルや時制の誤りだけでなく、日本人が間違えやすい冠詞（a や the) の抜けなどもしっかりとカバーしてくれるのでとても心強いですよ！

＊この情報は 2023 年 2 月現在のものです。

おわりに

　ここまで読んでくださったあなた、本当に本当にありがとうございます。この本を通してシェアした色々なコツやこなれ表現が、あなたの英語ライフを楽しく彩ってくれるといいなあ、と心から願っています！

　きっとこの本を手に取ってくださったあなたならわかってくれると思うのですが、言語って本当に魅力的ですよね。言語のおかげで私たちの思考や感情が形をもって外界に存在できている。というか、言葉という入れ物に入れることで初めて、私たちの思考や感情は存在するのかもしれないです。そして私やあなたのように多言語を扱えるということは"入れ物"の種類が増えるということ。つまり私たちの思考や感情が、それだけ多種多様な形で存在できるということになりますね。なんてロマンがあふれているのでしょうか。これだから、私は英語がやめられないし、言葉を使うことがすごく好きなんだと思います。（それが上手いか下手か、はまったく別のお話ですが…笑）

　そんな思いが高じて、ここ数年は「英語を通して自分を知る」とか「英語を通して自分の思考を多角的に見ていく」ということを軸に、コンテンツや教材、ワークショップのデザインにひたすら取り組んできました。プライベートでも、ウェルネス向上と思考を育てるために英語でジャーナル（日記）を書くなどの取り組みをしていることも相まって、ますます言語の奥深さや楽しさに惹きつけられています。

　そんな、いわゆる「言語ヲタ」が、この本では偉そうにああしたらいい、こう言ったらいい…などと書き連ねてきましたが、私も未だに英語の修行僧（日本語も…笑）。アメリカで暮らして10年以上経つにもかかわらずカフェで注文する時は緊張しますし、この前は靴下（Socks）と言おうとして"Sockes"などと高らかに発言し、アメリカ人夫に爆笑される始末です。

そんなポンコツな私がこうして英語の本を書かせていただけたのは、ひとえに私のブログを発掘し、最後まで応援してくださった編集担当の新谷さんのおかげです。本当にありがとうございます。そしてそんな私が右往左往しながら書き上げた『SAKURACO's こなれ英語 LESSON』を、あなたの英語学習の旅のお供として選んでいただけたこと、とても光栄に思います。これからも、あなたの英語学習が、たくさんの発見とワクワクで満たされますように！

Enjoy learning!

p.55 〜 56

1）〔ほめポイントメモ〕beanie ニット帽、glasses メガネ、shirt シャツ（sweater セーター）、hair color 髪の色、ring 指輪、smile 笑顔、attitude 態度

〔ほめフレーズ〕1. I really like your glasses! Where did you get them?（メガネがかわいい。どこで買ったの？）2. Nice shirt! That looks so comfortable!（そのシャツいいね。着心地よさそう。）3. You look really happy! Has anything good happened today?（すごく嬉しそうだね。今日何かいいことあった？）

2）〔ほめポイントメモ〕top トップス、hairstyle ヘアスタイル、posture 姿勢、comments 発言

〔ほめフレーズ〕1. Nice top. You look really crisp!（素敵なトップス。ビシッと決まってるね！）2. You look like you are ready to take on the world!（すごくやる気にあふれてるね！）3. You sound confident today! I like that!（今日は自信にあふれていて、いい感じだね！）

3）〔ほめポイントメモ〕shirt シャツ、jacket ジャケット、skirt スカート、sunglasses サングラス、dress 服、bracelet ブレスレット、ring 指輪、hair 髪

〔ほめフレーズ〕1. I love your skirt! It looks really comfortable!（そのスカートかわいい！すごく着心地よさそうだね！）2. Those sunglasses look amazing on you. Did you have them made?（そのサングラス、めちゃくちゃ似合ってる。オーダーメイド？）3. How do you always make everyone laugh?（どうやったらそんな風にいつも人を笑わせられるの？）

p.70 ❶

1）You are so thoughtful. You make me want to be kind to others, too.（本当に気配り上手だね。私も人に優しくしようって思えるよ）

2）You are such a good friend! I always feel supported especially when I'm going through a hard time.（本当によい友達だよね！辛い時は特に支えられてるなあと感じるよ）

3）You are so great to work with! I learned the importance of seeing the big picture.（あなたと一緒に働けるの、本当に最高だよ！おかげで物事を俯瞰することの大切さを学んだよ）

p.78 ❶

1）Your patience is really admirable. You always listen to others until the end without interjecting.

2）You are such a great listener. You paraphrase what I say in your own words, so it makes me feel really heard.

3）You are really polite. You open doors for others, and you always say "please" and "thank you," even to children.

4）I love how you practice self-care. You <u>pay attention to how you are feeling mentally and physically on a daily basis</u>, and you <u>make sure that you act accordingly</u>.

5）I admire your determination when you strongly believe in something. Like that time your boss wanted you to do X, but you <u>took your time to explain why it was against your belief</u>, and you <u>eventually convinced her not to do it</u>.

p.79 ～ 80 ❷

1）〈**Sarah**〉She took the time to jot down the title of the TV show that's right up my alley.（私の好きそうなドラマのタイトルをわざわざメモしておいてくれた）

2）〈**My coworker Ben**〉He created a list of anticipated questions and provided it to the participants before the meeting even began.（想定される質問のリストを作って、会議が始まる前に出席者に配布してくれた）

3）〈**My husband**〉Worked many late nights and weekends to refine his project.（残業や休日出勤をしながらプロジェクトを整えていた）

4）〈**My mom**〉She started taking English lessons at age 72.（72歳にして英会話のレッスンを受け始めた）

5）〈**My boss**〉He pointed out what I am doing well, and encouraged me to take on more risks at work.（彼は、私が上手くできていることをしっかりと認めて、もっと冒険するように促してくれた）

p.85 ❸

1）Jessica has been really mindful of what she eats and how she treats her body! Now she seems to be happier with herself!（ジェシカは食べるものや自分の体の扱い方に対して気を配ってたよ。おかげで彼女は自分のことをもっと好きになったみたい）

2）Akemi spent at least 30 minutes every day studying for the exam even if she was tired at times. Her diligent focus paid off!（アケミは疲れていても、毎日最低30分は試験の勉強をしてた。頑張って集中した結果だね！）

3）Kotaro has been to hundreds of auditions, if not thousands, to get casted while he took acting classes at night. His tireless dedication to his passion drove him to land a role in a movie. That's really admirable.（コウタロウは夜間の演劇のレッスンを取りながら、何百、何千というオーディションを受けていた。休みなく自分の情熱を注ぎ続けた結果、映画の出演に漕ぎつけたんだね。本当に尊敬するよ）

4）Kensaku took the time to make a list of websites that are informative for my research. He's such a selfless person.（ケンサクは私の調べものに役立ちそうなサイトをわざわざリストアップしてくれた。本当に利他的な人だよね）

5）When Yukari listens to me, she always validates my feelings first before she says anything.（ユカリは話を聞いてくれる時、必ず最初に私の気持ちを受け止めるところから入ってくれる）

p.123

1）I see. It sounds like you felt disappointed because you wished you had spent your time differently. You wanted to do something that makes you feel more productive, huh?（なるほど。もっと違う時間の使い方をしたかったから、残念な気持ちになったのかな。もっと生産性が上がるようなことをしたかったんだよね？）

2）Oh, you couldn't give Miki a ride to the airport, and you're feeling sad or disappointed because you wanted to support your friend and show how much you care about her, didn't you?（そっか、ミキを空港まで送ることができなくて、悲しいとか残念とか思っているのは、友達を応援したい、気遣いを見せたいという気持ちからなんだよね？）

3）I see. You haven't been feeling like yourself recently and feel confused and anxious, huh. It sounds like it's important for you to understand why you're feeling this way and have clarity.（なるほど。最近、自分が自分じゃない感じがして、混乱とか不安を感じているのかな。自分がそう感じているのかを理由を理解して、明確にすることがあなたにとって大切みたいだね）

p.152

❶［フレーズ］I absolutely get where you are coming from, so I definitely consider that as an option. I would also like to lay out all of the other options on the table.［シチュエーション］When my husband wanted to stay at a five-star hotel during our vacation.（夫が休暇中に5つ星ホテルに泊まりたいと言い出した時）

❷ I really like the idea of us getting a new car! It might be better to wait it out until we have a little more savings though. What do you think?（新車に買い替えるの、いいよね！でももう少しお金が貯まってからの方がいいかな？と思うんだけど、あなたはどう思う？）

p.155

［フレーズ］What do you think is your biggest concern?［シチュエーション］When my mom didn't want me to go study abroad.（お母さんに留学を反対された時）

p.157

❶［フレーズ］Oh, for some reason, I thought X was Y. Let me just make sure really quick.［シチュエーション］When I thought the lease renewal was next month, but my husband thought it was in two months.（賃貸の更新が来月だと思っていたら、夫は再来月だと思っていた時）

❷ I might be mistaken but I think I ordered a different dish. Do you think you could double-check?（もしかしたら私の勘違いかもしれないのですが、多分違うメニューを注文したと思うんです。もしよければ確認してもらえますか？）

p.159

❶〔フレーズ〕It sounds like you want to X, and I'm not going to tell you what to do, but I strongly advise against that.〔シチュエーション〕When my friend Amy tried to get back with her toxic ex-boyfriend.（友達のエイミーが最悪な元カレとヨリを戻そうとした時）

❷ That's an exciting idea for sure and it's ultimately your decision of course, but I wouldn't do that if I were you.（それは確かにワクワクするお買い物だと思うし、もちろん最終的な決断はあなたのものだけど、私だったら買わないと思う）

p.164

〔フレーズ〕Thank you so much for thinking of me, but unfortunately, I'm not available today. Can you keep me in mind for next time?〔シチュエーション〕When my coworker invited me for drinks after work.（仕事のあと同僚が飲み会に誘ってきた時）

p.170

〔フレーズ〕Only if you give me a million bucks!〔シチュエーション〕When I was invited to a singles party just to even out the numbers.（人数合わせのために合コンに誘われた時）

p.178

〔シチュエーション〕I skipped going to the gym.（ジムに行くのをサボった）/ In other words, I spent time hanging out with friends, watching TV, and working overtime.（それってつまり、友達と遊んで、テレビを見て、残業してた）/ It's an opportunity to recalibrate my priorities and plan for a better schedule.（優先順位を再調整し、よりよいスケジュールを計画するチャンスだ）/ It might be a sign that it works better for me to work out at home instead of going to the gym.（ジムに通わず、自宅でトレーニングする方が自分には合っている、というサインかも）

p.188

〔フレーズ〕I'm embarking on a journey of self-discovery.〔シチュエーション〕留学から帰国後、半年ニートだった頃の話をする時。〔例文〕I embarked on a journey of self-discovery for about six months after coming home from studying abroad.（留学から帰国後、約半年間、自分探しの旅に出た）

p.201

1）Life is like a box of chocolates. You never know what you're gonna get.（人

生はチョコレートの詰め合わせみたいなもの。何味に当たるか（どんなことがあるか）予想がつかないよね）＊映画『フォレスト・ガンプ／一期一会』の名セリフ。

2）Learning English is like running a marathon. The only way forward is putting one foot in front of the other.（英語学習はマラソンのようなものだから、前に進むには一歩ずつ歩みを進めるしかないんだよね）

3）Finding "The One" is like winning the lottery. It may feel impossible, but you'll never win if you don't buy the lottery tickets.（運命の人を見つけるのって、宝くじに当たるみたいなものだよね。不可能だと感じるかもしれないけれど、まずはチケットを買わないことには当たるものも当たらないじゃん（＝まずは色々な人とデートしてみたり、出会いの場に行かないと出会えない））

p.205

［フレーズ］How lucky am I to be a friend of the future Oscar winner. You're going to be great! ［シチュエーション］When my friend Kotaro was casted as the main character in a play.（友人のコウタロウが舞台の主役に抜擢された時）

p.222 〜 223

1）［あなた］Wow, that's awesome. Where do you go?（うわー、すごいなー。どこに通ってるの？）［相手］I go to the YMCA downtown.（ダウンタウンの YMCA に通ってるよ）［あなた］I didn't know they had a pool there. Do you like your instructor?（あそこプールあるんだ、知らなかった。インストラクターはいい人？）［相手］Yeah, she's great. I really like her.（うん、めちゃいい先生だよ。すごくいい感じ）［あなた］I've read that swimming is really good for people with weak joints. / Why did you decide to take up swimming?（水泳は、関節の弱い人にとてもいいって読んだことがあるよ / あなたはなんで水泳を始めようと思ったの？）

2）［あなた］Congratulations! What's your new title?（おめでとう！新しい肩書きは何？）［相手］I am now a "Chief Designer!"（「チーフデザイナー」になったんだ！）［あなた］Wow, that must feel great to have your hard work recognized. Do you have your own office?（わー！今までの頑張りが認められてさぞ嬉しいでしょ！自分のオフィスもあるの？）［相手］Yes I do! I'm so excited.（あるよ！すごくワクワクしているよ）［あなた］I bet! I heard having plants in your office boosts your productivity. You should make your new office look like a jungle!! / So, when will that promotion take effect?（だろうね！そういえばオフィスに植物を置くと生産性が上がるらしいよ。新しいオフィスをジャングルみたいに植物だらけにしちゃえ / それで、正式にはいつから昇進なの？）

3）［あなた］Nice! Where did you guys go?（いいね！どこに行ったの？）［相手］We went to Tiger Mountain.（タイガーマウンテンに行ってきたよ）［あなた］I've heard of it. Is it far from here?（その名前、聞いたことあるよ。ここから遠い？）［相手］It's probably about 40 minutes or so.（多分 40 分くらいかなあ）［あなた］Oh that's not bad at all. I actually love watching outdoor cooking videos on YouTube. / What did you guys cook?（ああ、それは近めだね。実は私、

YouTube でアウトドア料理の動画を見るのが好きなんだよね / あなたたちは何を作って食べたの？）

p.230 〜 231

1）〈My husband cooked for me!〉 1：he cooked grilled chicken 2：it was crispy outside and juicy inside 3：I felt so loved ⇒ My husband cooked crispy grilled chicken for me, and it made me feel so loved.（夫がクリスピーなグリルチキンを作ってくれて、とても愛されているんだなあと感じた）

2）〈I learned that I'm allergic to milk.〉 1：it's a mild allergy 2：I've always had it, but didn't know it　3：I can have a little bit ⇒ It turns out I have always been allergic to milk, and I didn't krow about it, but it's really mild, so I can still have it as long as it's a small amount.（自分には生まれつき牛乳アレルギーがあることを今初めて知ったんだけど、本当に軽度なので、少量であれば飲んでも平気らしい。）

3）〈The bus was late.〉 1：I waited for 20 minutes 2：it was super cold outside 3：I was late for work ⇒ I had to wait for the bus in the cold for 20 minutes today! Because of that, I was late for work.（今日は寒い中 20 分もバスを待たされて、そのせいで仕事に遅刻しちゃったよ）

p.238

1）I am so fed up with arguing with my partner about our finance.

2）It's so intriguing how people seem to become more aggressive toward each other on the Internet.

3）It was so amazing to catch up with my friend.

4）My friend had an awful breakup. She is really heartbroken.

5）Learning English is extremely challenging, but it is deeply fascinating.

p.247

1）I broke up with my boyfriend. It was really hard.（彼と別れた。すごく辛かったよ）⇒ I broke up with my boyfriend and it literally felt like I ripped his heart out …（彼と別れて、本当に彼のハートをズタボロにした気分になったよ）

2）My coworker did an impression of our boss. It was so funny.（同僚が上司のモノマネをしたのがすごく面白かった）⇒ My coworker did an impresion of our boss. It was so funny I thought I was gonna pee myself.（同僚が上司のモノマネをしたのがすごい面白すぎて、ちょっと漏らすかと思った）

3）I bought a new heater.（新しいヒーターを買った）⇒ I bought a new heater, and it's seriously a life-saver. I would have frozen to death if it wasn't for this.（新しいヒーターを買ったんだけど、これが本当に私の救世主って感じでさ。これがなかったら今頃凍死してたと思う）

4）I slipped on ice and fell.（氷の上で滑って転んだ）⇒ I slipped on ice and fell.

For a second, I thought I was never gonna see my family again.（氷の上で滑って転んでさ。一瞬もう家族には会えないかもって思ったよね）

5）My friend got me a ticket to go see a concert.（友達がコンサートのチケットを取ってくれた）⇒ My friend got me a ticket to go see a concert, and it literally sent me over the moon!（友達がコンサートのチケットを取ってくれて、（嬉しさのあまり）本当に昇天しそうになったよ）

p.266

［フレーズ］：Sorry, my brain has too many tabs open.

［シチュエーション］：When I tried to pay with a library card instead of a credit card.（クレジットカードではなく、図書カードで支払おうとした時）

p.270

1）こちらの趣味嗜好を知りたい / 話の取っ掛かりがほしい

2）共感や質問できるような話題を探している / こちらの近況や行動パターンが知りたい

3）こちらの興味の方向性や価値観を知りたい

p.273

1）I really enjoy relaxing at home. I especially like reading a good book with a cup of coffee!（私は家でリラックスするのが大好きで、特にコーヒーを飲みながら本を読むのが好きだよ！）

2）It was uneventful, but I caught up on the TV series I have been watching. It's called "Game of Thrones." Have you seen it?（特に目立ったことはなかったけど、今見てるドラマを一気見したよ。"ゲーム・オブ・スローンズ"っていう番組なんだけど、見たことある？）

3）I would really like to retire in a small town, and live in an A-frame cabin. I really like the idea of a quiet lifestyle, you know?（私は定年したら小さな町でAフレーム型のキャビンに住んで余生を過ごしたいかな。静かで平穏なライフスタイルってすごくいいと思ってさ）

ダウンロード音声について

本書の英語フレーズを収録した音声がダウンロードできます。
（ナレーション：Hannah Grace / アメリカ英語）

① パソコンで「ベレ出版」ホームページ内、『SAKURACO's こなれ英語 LESSON』の詳細ページへ。
　　「音声ダウンロード」ボタンをクリック。
　　（URL は https://www.beret.co.jp/books/detail/859）

② 8ケタのコードを入力してダウンロード。

　　　ダウンロードコード　　oCQ7v5Tg

《注意》スマートフォン、タブレットからのダウンロード方法については、小社では対応しており
　　　ません。

＊ダウンロードされた音声は MP3 形式となります。 zip ファイルで圧縮された状態となっておりますので、
　解凍してからお使いください。

＊ zip ファイルの解凍方法、MP3 携帯プレイヤーへのファイル転送方法、パソコン、ソフトなどの操作方法
　については、メーカー等にお問い合わせくださるか、取扱説明書をご参照ください。小社での対応はで
　きかねますこと、ご理解ください。

スマホで音声をダウンロードする場合

ご利用の場合は、下記のQRコードまたはURLより
スマホにアプリをダウンロードしてください。

 https://www.abceed.com
abceedは株式会社Globeeの商品です。

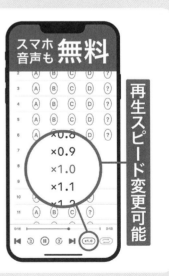

＊以上のサービスは予告なく終了する場合がございます。

☞音声の権利・利用については、小社ホームページ内［よくある質問］にてご確認ください。

SAKURACO（英語学習デザイナー＆クリエイター）

NYでデザインを学ぶため19歳で単身渡米。一度帰国するも、国際結婚を機に2014年よりアメリカ西海岸へ移住。語学力を活かして大手オンライン英会話にて累計100名以上のレッスンを担当する。現在はフリーランスで、洋書を教材にした英語ワークショップの開催や学習教材のデザイン、SNS・ブログ・ポッドキャスト・YouTubeなどのコンテンツを通して、英語学習についての情報を発信中。ライフスタイル系コンテンツの作成やイラスト作品も手がけ、自身のアート作品を販売するショップも立ち上げている。EPT® 英語発音テスト満点保持。

◉── 収録音声（約1時間42分）
　　　ナレーション　Hannah Grace（アメリカ英語）
◉── DTP　　　　清水康広（WAVE）
◉── 校正　　　　仲 慶次・余田 志保
◉── 装丁　　　　SAKURACO＋神部えり
◉── イラスト　　SAKURACO

［音声DL付］SAKURACO's こなれ英語 LESSON

2023年 2月 25日　　初版発行

著者	SAKURACO
発行者	内田 真介
発行・発売	ベレ出版 〒162-0832　東京都新宿区岩戸町12 レベッカビル TEL.03-5225-4790　FAX.03-5225-4795 ホームページ　https://www.beret.co.jp/
印刷	モリモト印刷株式会社
製本	根本製本株式会社

ISBN 978-4-86064-716-2 C2082　　　　　　　　編集担当　新谷友佳子

[音声 DL 付] ３語でネイティブ英会話
毎日なにげなく使われているひとこと表現 1000

小野田博一 著

四六並製／定価 1760 円（税込）■ 184 頁
ISBN978-4-86064-703-2 C2082

ドラマ、映画、小説で、ふつうによく使われているひとこと表現。Break it up! やめなよ！ Don't what? なにがダメなの？ That was it! そういうことだったんだ！ Where to? どこ行く？ どこかで耳にしたことのある表現に意味、使い方のコメント付きで紹介します。2 語、3 語なら覚えるのはカンタン。ネイティブが普段頻繁に口にする 3 語表現をたくさん覚えて行けば、あとは 4 語、5 語でも自然と覚えられるようになるはず！

[音声 DL 付] 英語スピーキング大特訓
自分のことを論理的に話す技術とトレーニング

植田一三／上田敏子／ Michy 里中／常田純子 著

A5 並製／定価 2420 円（税込）■ 320 頁
ISBN978-4-86064-700-1 C2082

英語で人生経験や哲学、自分の仕事や学校のことなど様々なパーソナルなトピックを論理的に話すことは、ネイティブと友好関係を深めるためにも、また様々な検定試験のスピーキング力アップのためにも必要です。本書では相手からの質問に瞬時に分かりやすく答えることができるための技術と幅広い表現を紹介しています。自分の考えを論理的に相手に伝えたい、分かりやすく丁寧に伝えたいと願う中上級者のスピーキング対策の決定版です。

[音声 DL 付] 75 パターンで身につける
英語の気づかい・丁寧・敬語表現

津村元司 著

四六並製／定価 1760 円（税込）■ 192 頁
ISBN978-4-86064-705-6 C2082

「恐れ入りますが〜」「〜していただけませんか」「少しお時間がよろしければ、〜」など、英語における敬語・丁寧表現をパターンで学びます。親しい友人や家族に対して用いる比較的カジュアルなレベル 1 から、クラスメイトや同僚をはじめ、幅広く使えるレベル 2、そして初対面の人や目上の人、クライアントに使用する敬語度の高いレベル 3、という流れでレベル別にパターンを分類してあるので、自分の意図・目的にあった表現のバリエーションを増やしていくことができます。